汽车维修入门 全程图解系列

U0369139

全程图解
汽车维护
保养

★ 刘春晖 刘宝君 主编

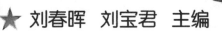

流程图 ➕ 基础知识 ➕ 实际操作

轻松入门 快速提高！

机械工业出版社
CHINA MACHINE PRESS

本书按照汽车的系统分类详细地介绍了汽车发动机、汽车底盘、汽车电气设备、汽车车身的常见维护及保养项目，从汽车的构造、保养、维护、装配、调整、检测等几个方面介绍了操作要点和维护保养规范。

本书内容丰富、可读性强，可供初学汽车维修的人员使用，也可供职业院校汽车相关专业师生和汽车工程技术人员阅读参考。

图书在版编目（CIP）数据

全程图解汽车维护保养/刘春晖，刘宝君主编. —2版. —北京：机械工业出版社，2018.7

ISBN 978-7-111-60253-8

Ⅰ.①全… Ⅱ.①刘… ②刘… Ⅲ.①汽车-车辆修理-图解 Ⅳ.①U472-64

中国版本图书馆 CIP 数据核字（2018）第 133267 号

机械工业出版社（北京市百万庄大街 22 号 邮政编码 100037）
策划编辑：杜凡如 责任编辑：杜凡如 丁 锋
责任校对：陈 越 刘 岚 封面设计：张 静
责任印制：张 博
三河市国英印务有限公司印刷
2018 年 8 月第 2 版第 1 次印刷
184mm×260mm · 11.75 印张 · 284 千字
0001—3000 册
标准书号：ISBN 978-7-111-60253-8
定价：39.90 元

前言 PREFACE

据中国汽车工业协会网站消息，2017年中国汽车产销量均超2800万辆，连续九年蝉联全球第一。随着我国汽车工业的迅速发展和汽车保有量的逐年增加，汽车后市场蓬勃发展，汽车售后服务业也出现高速发展的态势。我国的汽车维修业也在逐渐和世界接轨，一个新的观念，即"七分维护，三分修理""以养代修""维护为主，视情修理"正被广大车主所接受。

在西方发达国家，汽车维护作为一个新兴行业早已经得到迅速发展。汽车进修理厂，一种情况是发生交通事故，另一种情况就是汽车的零部件出现异常损坏或到达了其寿命时间需要更换。平时，更多的是对汽车进行定期的维护，如果维护方法得当，可以使汽车长期保持良好的工作状态，甚至可以使汽车终生无大修。

本书结合现行汽车"七分养护，三分修理"的维修理念，以现代汽车维护保养的"清洁、检查、紧固、调整、润滑和补给"六大维护作业为主线，详细叙述了汽车非定期维护的作业项目、操作要领、技术要求和注意事项等内容，并将各项汽车维护与保养作业所需的工量具、保养设备等作为汽车维护与保养的基础性内容，单独设章编写。

针对初学入门者的特点，本书避免使用大量的理论和文字，采用全程图解的形式说明汽车维护保养相关的工艺操作，形象、直观，能更加清晰地说明问题。文字内容通俗易懂，可以有效增强实际操作能力。本书内容实用，可操作性强，易看、易懂，方便初学者快速掌握汽车维护保养技术。本书从初学者的角度，按照汽车的系统分类编写，主要内容包括汽车维护保养概论、汽车维护常用工具的使用、汽车发动机的维护保养、汽车底盘的维护保养、汽车电气设备的维护保养、汽车车身的维护保养6个方面的内容。

本书由刘春晖、刘宝君任主编，参加本书编写工作的还有贺红岩、张文志、顾雅青、王如兵、李祖深、张坤、尹文荣、王淑芳、魏代礼、毛静、李凤芹、陈国、王学军、郎仲杰。

由于编者水平有限，书中难免有错误和不当之处，恳请广大读者批评指正。

目录 CONTENTS

第一章 Chapter 1

汽车维护保养概论

第一节　现代汽车维护

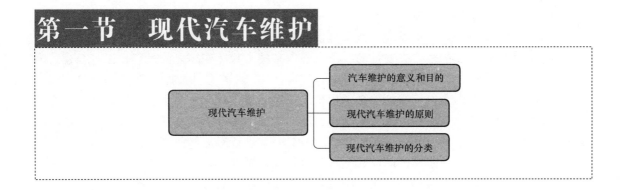

一、汽车维护的意义和目的

随着现代汽车制造业的不断进步，新技术、新工艺、新材料得到广泛应用，使得汽车的性能和使用寿命都有了很大提高。但无论汽车的性能有多么卓越，随着其行驶里程的增加，汽车零部件都会逐渐产生磨损，技术状况会不断变差——这是不可避免的。图 1-1 所示为汽车零部件磨损的三个阶段，即汽车的实际磨损规律。图 1-2 所示为汽车零部件的磨损曲线，即汽车的使用磨损规律。由此看出，汽车磨损的程度在其他条件（如材料、路况等）相同的情况下，会因使用、保养情况的不同而有很大的差异。

由图 1-2 可知，在相同的里程内，情况 1 的磨损量就比情况 2 的小，其使用寿命就比情

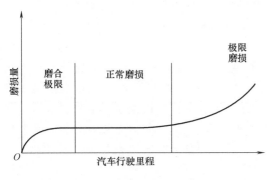

图 1-1　汽车零部件磨损的三个阶段

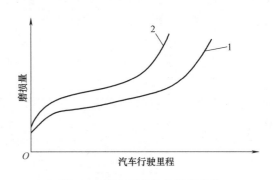

图 1-2　汽车零部件的磨损曲线
1—使用方法得当、保养适时的磨损曲线
2—使用方法不当、保养不及时的磨损曲线

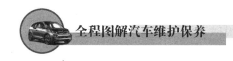

况 2 的长。由此可见，只有根据磨损规律制定切实可行的维护措施，才能使汽车零部件保持完好的技术状态。这便是汽车维护的意义所在。

二、现代汽车维护的原则

根据交通部《汽车运输业车辆技术管理规定》，汽车维护应贯彻"预防为主、定期检测、强制维护"的原则，即汽车维护必须遵照交通运输管理部门规定的行驶里程或时间间隔，按期强制执行，不得拖延，并在维护作业中遵循汽车维护分级和作业范围的有关规定，以保证维护质量。

汽车维护是预防性的，保持车容整洁、车况良好，及时发现和消除故障和隐患，防止汽车早期损坏是汽车维护的基本要求。汽车维护的各项作业是有计划定期执行的，它的内容是依照汽车技术状况变化的规律来安排的，并要在汽车技术状况变坏之前进行，以符合预防为主的原则。

定期检测是指汽车在二级维护前必须用检测仪器或设备对汽车的主要性能和技术状况进行检测诊断，以了解和掌握汽车的技术状况和磨损程度，并做出技术评定。根据检测结果确定该车的附加作业或小修项目，从而结合二级维护一并进行附加作业或小修。

强制维护是在计划预防维护的前提下所执行的维护制度，是指汽车维护工作必须遵照交通运输管理部门或汽车使用说明书规定的行驶里程或时间间隔按期进行，不得任意拖延，以体现强制性的维护原则。

三、现代汽车维护的分类

在汽车的使用过程中，由于汽车新旧程度、使用地区条件的不同，在各个时期对汽车维护的作业项目也不同。根据《汽车维护、检测、诊断技术规范》的有关规定，汽车维护可分为定期维护和非定期维护两大类。定期维护可分为走合维护、日常维护、一级维护和二级维护四类，非定期维护可分为按需维护（季节性维护）和免拆维护（新型维护方法）两类。维护作业以清洁、检查、紧固、调整、润滑和补给六大作业为主，维护范围随着行驶里程的增加逐步扩大，内容逐步加深。

（1）清洁作业　清洁作业是提高汽车维护质量、防止机件腐蚀、减轻零部件磨损和降低燃油消耗的基础，并为检查、补给、润滑、紧固和调整作业做好准备。清洁作业工作内容主要包括对燃油、机油、空气滤清器滤芯的清洁，还包括汽车外表的养护以及对有关总成、零部件内外部的清洁作业。

（2）检查作业　检查作业是汽车维护的重要工作之一。通过对汽车各部位的检查，可确定零部件的变异和损坏情况。检查作业的工作内容主要是检查汽车各总成和机件是否齐全，连接是否紧固；是否存在漏水、漏油、漏气和漏电等现象；利用汽车上的指示仪表、报警装置等车载诊断装置，检查各总成、机构和仪表的技术状况；对影响汽车安全行驶的转向、制动、灯光等工作情况应加强检查；汽车拆检、装配或调整时应检查各主要部件的配合间隙。

（3）紧固作业　紧固作业是为了使各机件连接可靠，防止机件松动所进行的作业。汽车在运行中，由于振动、颠簸、热胀冷缩等原因，会改变零部件的紧固程度，使零部件失去连接的可靠性。紧固工作的重点应放在负荷重且经常变化的各机件的连接部位上。注意，应及时对各连接螺栓进行必要的紧固和配换。

（4）调整作业　调整作业是保证各总成和机件长期正常工作的重要环节。调整工作的好坏，对减少机件磨损、保持汽车使用的经济性和可靠性有直接的关系。调整作业的内容主要是按技术要求，恢复总成、机件的正常配合间隙及工作性能等。

（5）润滑作业　润滑作业是为了减少各摩擦副的摩擦力，减轻机件的磨损所进行的作业。润滑作业的工作内容包括按照汽车的润滑图表和规定的周期，用规定牌号的润滑油或润滑脂进行润滑；各油嘴、油杯和通气塞必须配齐，并保持畅通；发动机、变速器、转向器、驱动桥等应按规定补充、更换润滑油。

（6）补给作业　补给作业是指在汽车维护中，对汽车的燃料及特殊工作液进行加注补充、对蓄电池进行补充充电、对轮胎进行补气等作业。注意，必须选用合适的运行材料，并及时正确地添加或更换燃料和冷却液等。

第二节　汽车维护制度

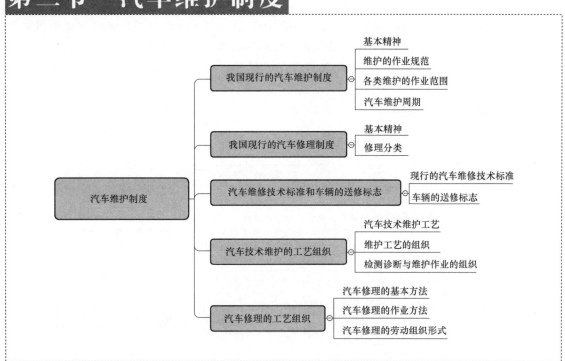

我国现行的汽车维护和修理制度在交通部 2016 年新颁布的《道路运输车辆技术管理规定》中有明确的要求。对车辆的技术管理应坚持预防为主和技术与经济相结合的原则；对运输车辆实行择优选配、正确使用、定期检测、强制维护、视情修理、合理改造、适时更新和报废的全过程综合性管理。

一、我国现行的汽车维护制度

1. 基本精神
我国现行的汽车维护制度贯彻"预防为主，强制维护"的原则。"预防为主"的设备管理原则在世界通行，只有做好事前的预防性工作，才能使设备经常保持良好的技术状况，减少故障频率，降低消耗，延长使用寿命。现行的汽车维护制度，将过去的计划预防维护制度的"定期维护"改为"强制维护"，这是为了进一步强调维护的重要性和必要性，使运输单位和个人更加重视车辆的维护，防止因追求眼前利益而不及时维护，从而导致车况严重下降，影响安全生产。

2. 维护的作业规范

维护作业包括清洗、检查、补给、润滑、紧固、调整等内容。

一般除主要总成发生故障必须解体外，不得对车辆总成进行解体，这就明确了维护和修理的界限。车辆进行维护时，不能对其主要总成大拆大卸，只有在发生故障需要解体时方允许进行解体。很明显，与过去的维护制度比较，现行的维护制度有以下特点：

1）取消了整车解体式的三级维护。经生产实践证明，对主要总成大拆大卸的工艺方法是不科学的，也是不符合技术经济原则的。同时，"三级维护"作业内容既有维护的作业又有修理的作业，不便于维护与修理的区分。

2）没有对各级维护周期做统一规定，由各省、市、自治区按车型，结合本地区具体情况提出统一的维护周期，但制定了车辆维护技术规范以保证车辆的正常维护质量。

3）对季节性维护做了规范。当车辆进入冬、夏两季运行时，一般结合二级维护对车辆进行季节性维护。

3. 各类维护的作业范围

现代汽车各类维护的作业范围见表1-1。

表1-1 各类维护的作业范围

维护种类	作 业 范 围
走合维护	汽车运行初期进行走合维护，以改善零件摩擦表面几何形状和表面层的物理机械性能
日常维护	日常维护作业以清洁、补给和安全检视为中心内容 坚持"三检"，即在出车前、行车中、收车后检视车辆的安全机构及各机件连接的紧固情况 保持"四清"，即保持润滑油、空气、燃油滤清器和蓄电池的清洁 防止"四漏"，即防止漏水、漏油、漏气和漏电
一级维护	一级维护作业中心内容除日常维护作业外，以清洁、润滑和紧固为主，并检查与制动、操纵等安全性相关的部件
二级维护	二级维护作业中心内容除一级维护作业外，以检查和调整转向节、转向摇臂、制动蹄片、悬架等经过一定时间的使用后容易损坏或变形的部件为主，并拆检轮胎，进行轮胎换位
季节性维护	由于冬、夏两季的温差大，为使车辆在冬、夏两季能够合理使用，在换季之前应结合定期维护，并附加一些相应的项目，使汽车适应气候变化了的运行条件。此种附加性的维护称为季节性维护
免拆维护	免拆维护是指在突出"不解体"的前提下，用专用设备及保护用品对燃油系统、冷却系统、润滑系统、制动系统、自动变速器等进行的清洁和补给维护

4. 汽车维护周期

（1）日常维护　日常维护的周期为每次出车前、行车中、收车后。

（2）一级维护　一级维护的周期为2000～3000km或根据车型要求。

（3）二级维护　二级维护周期依据各地条件不同在10000～15000km范围内选定，或者时间间隔为60～90天。

现行的维护制度，着重于加强强制性的日常维护，增加检测性定期维护。即对日常维护和一级维护实行定期强制执行，以提高安全、节能、环保与寿命等性能；对二级维护先检测诊断和技术评定，根据结果确定附加作业或小修项目，结合二级维护一并进行。

二、我国现行的汽车修理制度

1. 基本精神

我国现行的汽车修理制度贯彻视情修理的原则。这个原则是随着汽车检测诊断技术的发展和维修市场的变化提出的。过去的"计划修理"往往因计划不周或执行不彻底造成修理的不及时或提前修理，其结果致使车况急剧恶化或执行不彻底造成不应有的浪费。而现在的"视情修理"是建立在检测诊断基础上的，不是依照车辆使用者的意见随意确定的修理。"视情修理"也并不意味着由此取消车辆或总成的大修。归结起来，现行的汽车修理制度其基本实质是：

1）由原来以行驶里程为基础确定车辆的修理方式改变为以车辆的实际技术状况为基础的修理方式。

2）车辆修理的作业范围是通过检测诊断后确定的，所以检测诊断技术是实现视情修理的重要保证。

3）视情修理体现了技术与经济相结合的原则。

2. 修理分类

车辆修理按作业范围可分为汽车大修、总成大修、汽车小修和零件修理。

（1）汽车大修　汽车大修是用修理或更换车辆任何零件的方法，恢复车辆的完好技术状况和完全（或接近完全）恢复车辆寿命的恢复性修理，其目的是恢复车辆的动力性、经济性、可靠性和原有装备，使车辆的技术状况和使用性能达到规定的技术条件。

（2）总成大修　总成大修是用修理或更换总成任何零部件（包括基础件）的方法，恢复某一总成的完好状况和寿命的恢复性修理。

（3）汽车小修　汽车小修是用更换或修理个别零件的方法，保证或恢复车辆工作能力的运行性修理，主要在于排除车辆运行中发生的临时故障和发现的隐患及局部损伤。

（4）零件修理　零件修理是对因磨损、变形、损伤等原因而不能继续使用的零件进行修理。零件修理要遵循经济合理的原则，是修旧利废、节约原材料、降低维修费用的重要措施。

三、汽车维修技术标准和车辆的送修标志

1. 现行的汽车维修技术标准

车辆维护和修理必须根据国家和交通部发布的车辆维修技术标准进行作业，根据相关规定和标准进行验收，以确保维修的质量。

（1）现行的汽车维护技术标准　各生产厂生产的不同种类的车辆，在使用说明书中对车辆维护有一些具体要求，这些要求也是根据车型特点和国家标准确定的，是汽车维修的第一手资料。

（2）现行的汽车修理技术标准　车辆修理必须根据国家和交通部发布的有关修理技术标准确保修理质量。

我国现行的与车辆修理有关的技术标准、条件主要有：

GB/T 3798.1—2005《汽车大修竣工出厂技术条件　第 1 部分：载客汽车》

GB/T 3798.2—2005《汽车大修竣工出厂技术条件　第 2 部分：载货汽车》

GB/T 3799.1—2005《商用汽车发动机大修竣工出厂技术条件　第 1 部分：汽油发动机》

GB/T 3799.2—2005《商用汽车发动机大修竣工出厂技术条件　第 2 部分：柴油发动机》

GB/T 5336—2005《大客车车身修理技术条件》

DB 11105—1998《轻型汽车排气污染物排放标准》

GB 17691—2005《车用压燃式、气体燃料点燃式发动机与汽车排气污染物排放限值及测量方法（中国Ⅲ、Ⅳ、Ⅴ阶段）》

GB 14763—2005《装用点燃式发动机重型汽车　燃油蒸发污染物排放限值及测量方法（收集法）》

GB 11340—2005《装用点燃式发动机重型汽车　曲轴箱污染物排放限值及测量方法》

GB 7258—2017《机动车运行安全技术条件》

GB 18285—2005《点燃式发动机汽车排气污染物排放限值及测量方法（双怠速法及简易工况法）》

GB 3847—2005《车用压燃式发动机和压燃式发动机汽车排气烟度排放限值及测量方法》

GB 1495—2002《汽车加速行驶车外噪声限值及测量方法》

GB/T 15746—2011《汽车修理质量检查评定方法》

GB/T 3181—2008《漆膜颜色标准》

GB 9656—2003《汽车安全玻璃》

2. 车辆的送修标志

要确定车辆及其总成是否需要大修，必须掌握车辆和总成大修的送修标志。

（1）汽车大修送修标志　客车以车厢为主，结合发动机总成；货车以发动机总成为主，结合车架总成或其他两个总成符合大修条件的。

（2）挂车大修送修标志　挂车车架（包括转盘）和货厢符合大修条件。半挂车和铰接式客车，按照汽车大修的标准与牵引车同时进厂大修。

（3）总成大修送修标志

1）发动机总成。气缸磨损、圆柱度误差达到 0.17～0.25mm 或圆度误差已达到 0.050～0.063mm（以磨损量最大的一缸为准）；最大功率或气缸压缩压力标准降低 25% 以上；燃料和机油消耗量显著增加。

2）车架总成。车架断裂、锈蚀、弯曲、扭曲变形逾限，大部分铆钉松动或铆钉孔磨损，必须拆卸其他总成后才能进行校正、修理或重铆，方能修复。

3）变速器（分动器）总成。壳体变形、破裂、轴承孔磨损逾限，变速齿轮及轴恶性磨损、损坏，需要彻底修复。

4）后桥（驱动桥、中桥）总成。桥壳破裂、变形，半轴套管承孔磨损逾限，减速器齿轮恶性磨损，需要校正或彻底修复。

5）前桥总成。前轴裂纹、变形，主销承孔磨损逾限，需要校正或彻底修复。

6）客车车身总成。车厢骨架断裂、锈蚀、变形严重，蒙皮破损面积较大，需要彻底修复。

7）货车车身总成。驾驶室锈蚀、变形严重、破裂或货厢纵横梁腐朽，底板、栏板破损面积较大，需要彻底修复。

（4）根据交通部的有关规定，送修车辆及总成必须具备的条件

1）除肇事或长期停驶等特殊情况外，送修汽车必须保持行驶状态；送修总成应在装合状态。

2）送修车辆或总成的有关技术资料应随同车辆或总成进厂。

3）除少数通用件外，送修车辆或总成应装备齐全，零件、总成不得缺少或拆换。

4）送修车辆必须配齐轮胎，并充足气压。

5）随车工具及备用品，不属于汽车附件者由送修者自行保管。

四、汽车技术维护的工艺组织

1. 汽车技术维护工艺

汽车技术维护工艺是指汽车维护的各种作业按一定方式组合、协调、有序地进行的过程。其目的是按照一定顺序进行维护工作，实现高效、优质、低消耗。汽车技术维护工艺的划分具有灵活性。既可以按作业的内容单一划分，也可以将几个内容结合进行，还可以按汽车组成部分划分。总之，不管采用何种方式的工艺，首先应符合车辆运行的工作制度，做到充分利用人力、物力，有机地组织和协调生产，以获取最高效益，取得最佳效果。

根据生产实践，汽车各级维护工艺的顺序大致为：

1）进行外表清洁作业。

2）进行检查与紧固作业，与此同时或在其后进行试验与调整作业、电气作业、轮胎作业和补给添加作业等。

3）进行润滑作业和外表整修作业。

2. 维护工艺的组织

汽车技术维护工艺的组织通常指在车间、工段或工位上的工艺组织。当汽车进场后，生产管理部门需要从全局出发，进行劳动组织工作。按照技术维护生产过程，正确合理地组织汽车技术维护作业，以用最短的停场维护时间取得合格的维护质量。

汽车技术维护作业组织形式的确定，与维护场地布置及企业车辆保有量有关，并与汽车维护作业方式相对应。一般维护工艺的组织形式为两种：

（1）综合作业法 综合作业是把几个工人组织起来成立一个维护小组，负责一辆汽车的某一级维护作业。所有应进行的维护作业项目及维护过程中发现的小修作业，都由该维护小组完成。这种劳动组织形式适用于定位作业法，由于维护工人少、速度慢、工作效率低，在车辆少、车型复杂、维修设备简单的企业采用。

（2）专业分工法 专业分工是在维护小组内配备专业工人，每个专业工人都按固定的分工项目进行作业，这种组织方式既适用于定位作业法，也适用于流水作业法。

采用定位作业法时，专业工人在车辆的不同部位平行交叉地在分工范围内进行作业。采用流水作业法时，把规定的维护作业项目按作业性质或作业部位划分，设置若干个专业工位，每个工位都配备必要的机具设备和专业工人。各工位按照维护作业顺序排列成流水作业

线，车辆按顺序间歇地通过整个作业线，即可完成全部维护作业。这种劳动组织形式适合于企业具有同类型的汽车数量较多的情况；维护工作有经常固定的内容和较固定的劳动量，且要求缩短维护时间，则采用流水作业法较为合适。

3. 检测诊断与维护作业的组织

随着科技的进步和新的维修制度的贯彻，车辆检测诊断设备得到了广泛的应用，检测诊断技术已在车辆维修技术措施中获得了重要地位。采用检测诊断技术后，汽车维护生产作业的流程有了一定的改变，如图1-3所示。它与一般的技术维护生产作业流程方案的不同之处在于增设了技术检测工序。从维修作业流程图中可以看出，汽车每天运行回场，作为一般性日常维护需要，需经检查和清洗，然后分四种情况进行安排。

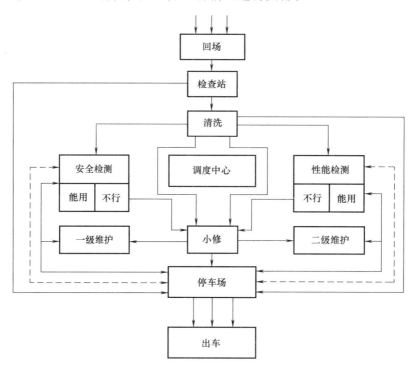

图1-3　维修厂内技术检测与维修作业流程组织方案

1）对已列入需进行一级维护的车辆，先进行安全检测。按项目对车辆进行检测、诊断后，送入一级维护或小修车间。

2）对需进行二级维护的车辆，先进行安全检测，然后进行综合性能检测，待全面技术检测诊断后，进入二级维护或小修车间。

3）对运行中发现的故障，需要小修的车辆因修理任务已经明确，故不需经过技术检测而直接进入小修车间。

4）运行返场后不需要进行任何作业的车辆，在做过日常维护后，就直接驶入停车场，等候待用。

在维修作业生产流程中的安全检测工序，主要配备有侧滑试验台、制动试验台、车速表试验台、前照灯试验仪、废气分析仪、烟度计及噪声计等检测仪器和设备，担负对汽车转向、制动、灯光等安全技术的检测，以及对废气和噪声的测量等。

上述安全检测是按流水顺序逐项进行的。

五、汽车修理的工艺组织

汽车修理作业的组织形式，包括修理的基本方法、作业方法和劳动组织形式三个方面。汽车修理企业组织形式要根据企业生产规模、设备条件、人员素质、经济效益及外部环境等因素来确定。其中修理的基本方法是基础，修理方法决定作业方法和劳动组织形式。

1. 汽车修理的基本方法

汽车修理的基本方法可分为就车修理法和总成互换修理法两种。

（1）就车修理法 就车修理法指在修理过程中，从汽车上拆下的零件、组合件、总成件除报废更换外，凡可修复的，经修理仍装回原车。这种维修方法停车维修时间长、生产率低，适用于生产规模不大，承修车型复杂，送修单位不一的修理厂。就车修理法工艺流程如图1-4所示。

（2）总成互换修理法 总成互换修理法指在修理过程中，除车架和车身外，其他零件、组合件及总成都换装已修好的储备件。换下来的零件、组合件及总成修好后送入库房备用。这种维修方法停车维修时间短、生产率高，但需要有一定的备用周转总成，适用于生产量大、维修车型和送修单位单一的大中型汽车修理厂。总成互换修理法工艺流程如图1-5所示。

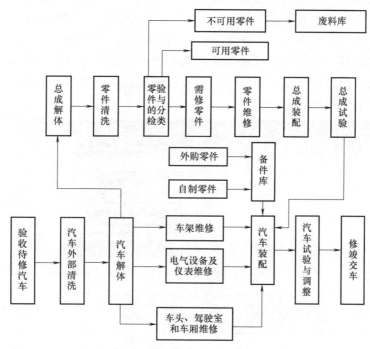

图1-4 就车修理法工艺流程图

2. 汽车修理的作业方法

汽车修理的作业方法，一般分为定位作业法和流水作业法。

（1）定位作业法 定位作业法是指汽车的拆装作业固定在一定的工作位置上进行。此种定位作业法占地面积小，所需设备简单，适用于小型的汽车修理厂。

（2）流水作业法 流水作业法是指由各专业工组在流水线相应的工位上顺序完成汽车的拆装及修理作业。其专业化程度高，修理质量好，生产率高，适用于规模较大的汽车修理厂。

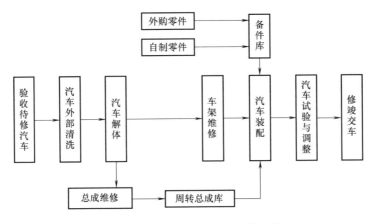

图1-5 总成互换修理法工艺流程图

3. 汽车修理的劳动组织形式

汽车修理的劳动组织形式一般分为综合作业法和专业分工法。

（1）综合作业法 综合作业法是指除车身、轮胎和机械加工等由各专业工种配合外，其他修理作业全部由一个承修组来完成。这种组织形式要求工人的技术知识全面，但工人的熟练程度不易提高，生产率低，修理质量差，适用于小型的汽车修理厂。

（2）专业分工法 专业分工法是指将汽车修理作业划分为若干个单元，每个单元由专人或一个专业组承担。这种组织形式工人的技术熟练程度容易提高，修理质量好、生产率高，适用于大型的汽车修理厂。

第三节　汽车维护保养工艺规范

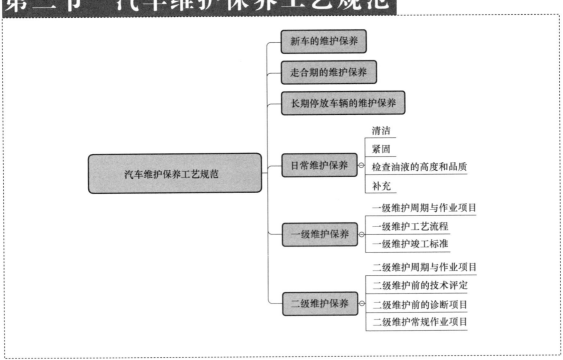

一、新车的维护保养

车主在买了新车之后首次保养（图1-6）不能马虎。买了一辆新车，车主往往会先将车内装饰得非常美观，而忽略了车体本身的养护。其实首次车体养护和开蜡，往往是日后用车养车的质量保证，如果开始保养得不好，以后会出现许多问题。

新车漆面虽无老化问题，但使用前应该做彻底的保护处理，从出厂到运输至停车场，车表漆就已经接触了空气，受到了酸气、风沙的侵袭。及时正确的养护，能使爱车永葆青春。如果买的是进口轿车，首先要考虑的是除蜡。车蜡中含有石蜡、树脂及特氟龙等材料，除蜡时不要用汽油或煤油擦拭，应选用专业的开蜡液，或者到专业的美容养护店，请技师帮助处理。至于国产车，车身大多采用静电喷涂，漆面呈镜面光泽，故无开蜡需要。

第一次清洗爱车（图1-7）不能马虎，如清洗不当，会损伤外层的亮油部分，那么车就不是越洗越亮而是越洗越暗了。最好是去无尘手工洗车房，选用中性温和的洗净剂，把车漆表面的沙粒、污物清除干净。有些污物是用肉眼看不出来的，像飞漆、树胶、碱液、酸液等，都应当彻底清除，只简单地用洗净剂是去不掉的，必须用专业去污剂一点点地擦拭。全车清理完毕，再用抛光机把釉封入车漆。封完釉的车一年内不用再打蜡，只用清水清洗后用干净的麂皮布擦干净即可，而且防氧化，防紫外线，保持车漆不会褪色。最后可在轮胎、轮眉等部位涂上相应的保护剂，以防老化。

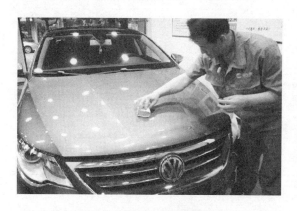

图1-6 新车的维护保养

图1-7 新车的清洗

二、走合期的维护保养

汽车在新车出厂或大修（包括发动机大修）后，初期的使用阶段称为走合期，在这段时期对汽车所进行的维护，称为走合维护。新车的走合期一般为1000～2500km，或按汽车生产厂家的规定。大修后的汽车的走合期一般为1000～1500km。新车的正确走合，对延长汽车使用寿命，提高汽车工作的可靠性和经济性有着极大的作用。

走合期的维护，一般分为走合期前维护、走合期中维护和走合期后维护三个阶段。走合期前的维护见表1-2，走合期中的维护见表1-3、表1-4。

走合结束后，应结合二级维护对汽车进行全面的清洗、检查、调整、紧固、添加和润滑等，见表1-5、表1-6。

表 1-2　走合期前的维护

1	检查各部位的连接、紧固情况。对转向系统、制动系统、悬架系统的固定螺栓进行紧固
2	检查散热器以及冷却系统各部位有无泄漏现象
3	检查发动机曲轴箱、变速器、转向器等内部油量,根据需要进行添加或更换,并检查各部位有无漏油现象
4	检查转向机构有无松旷或发紧的现象
5	检查变速器各档是否能正确接合
6	检查电气设备、点火、灯光、电动车窗和仪表的工作是否正常
7	检查蓄电池液面,不足时添加蒸馏水。用玻璃管或塑料吸管检查蓄电池液面高度,应该高出极板 10cm,液面不可过低,但液面过高也不好
8	检查轮胎气压,不足时充气
9	检查行车和驻车制动系统是否正常,有无漏液现象,检查制动液液面高度,不足时应添加

表 1-3　新车走合期中的维护

1	应在平坦良好的路面上行驶
2	正确驾驶,平稳地接合离合器,及时换档,避免突然加速和紧急制动
3	速度限制: 一档不超过 5km/h 二档不超过 10km/h 三档不超过 15km/h 四档不超过 25km/h 五档不超过 40km/h
4	载重量限制:走合期内不允许拖带挂车,载重量不得超过 3500kg
5	经常注意变速器、后桥、轮毂及制动鼓的温度,如有严重发热现象,应找出原因,予以调整或修理
6	应特别注意机油压力和控制发动机冷却液的正常温度
7	走合 200km 后,应按规定力矩和顺序拧紧气缸盖及进排气歧管螺栓、螺母
8	走合 500km 后,应在热车状态更换发动机机油,以免发动机内遗留未清洗干净的铁屑、脏物等堵塞油道,刮伤轴瓦

表 1-4　大修车走合期中的维护

1	走合期中的维护是在汽车行驶 500km 左右时进行的,主要是对汽车技术状况开始发生变化的部分进行一次及时维护,以恢复其良好的技术状况,保证下阶段走合顺利进行
2	清洗发动机的润滑系统,更换机油和机油滤清器滤芯
3	润滑全车各润滑点。最初行驶 30~40km 时,应检查变速器、分动器、前后驱动桥、轮毂和传动轴等处是否发热或有异响。如发热或有异响应查明原因,予以调整或修理
4	在行驶一段时间后立即用手摸制动鼓,如果发烫说明需要调整制动
5	检查制动效能和各连接处,检查制动管路和密封程度,必要时加以调整和紧固
6	检查调整离合器踏板自由行程
7	按规定力矩和顺序拧紧气缸盖及进排气歧管螺栓、螺母和轮胎螺母
8	走合 500km 左右时,应在热车状态更换机油,以免未清洗干净的金属屑、脏物等堵塞油道、刮伤轴瓦;同时更换机油滤清器
9	一般行驶 1500km 后,可视为走合期结束

表 1-5 新车走合期结束后的维护

1	清洗发动机油底壳,按规定力矩检查连杆螺栓和主轴承盖螺栓的紧固情况
2	清洗粗滤器滤芯,并更换发动机机油
3	清洗变速器、后桥、转向器,并更换机油
4	紧固前、后悬架的 U 形螺栓螺母(满载时进行),检查后钢板弹簧固定端的螺栓及 U 形螺栓的紧固螺母有无松动
5	按规定力矩紧固转向机构中带有开口销的螺母
6	按规定力矩检查并紧固制动底板的紧定螺栓螺母
7	按规定力矩检查并紧固底盘传动部分的各部连接
8	检查并紧固车身、车厢各部的连接
9	按使用说明书的规定,仔细调整点火正时,调整发动机转速和检查气门间隙
10	按一级维护作业项目进行润滑和维护

表 1-6 大修车走合期结束后的维护

1	更换发动机、变速器、转向器、驱动桥等处的润滑油,尽可能冲洗干净
2	检查测量气缸压力,并清除燃烧室积炭
3	按"先中间后四周",分两三次紧固气缸盖螺栓;铝质缸盖在发动机冷态时一次旋紧即可,铸铁缸盖在发动机热机后,还要再次检查气缸盖螺栓螺母的松紧度,以防螺栓热膨胀后,造成气缸盖密封不良,损坏气缸盖衬垫
4	检查和调整制动器
5	检查离合器踏板自由行程,润滑踏板轴
6	检查转向盘的自由行程,必要时进行调整
7	检查并调整前束
8	检查前后悬架螺栓的紧固情况
9	检查驾驶室、车厢各连接螺栓、螺母的紧固情况

三、长期停放车辆的维护保养

俗话说得好:汽车不是用坏的,而是"放"坏的。经常停着的汽车比经常使用的汽车故障率高,而且使用寿命也会大大缩短。那么,经常"歇"在家里的爱车需要注意什么呢?

(1)汽车防摩擦零件 汽车停放时间过长后,防摩擦零件表面会氧化,如图 1-8 所示生锈的制动盘的表面。附着在零件表面的机油氧化变质后,如再次起动时就会形成干摩擦或半干摩擦,缩短零件使用寿命,而且起动阻力大大增加,起动时会很困难。汽车停驶后,发动机的气缸和活塞表面的润滑油膜,由于要接触空气中的氧气和其他有腐蚀性的酸碱成分,会造成润滑油膜变质,形成一层胶状物而失去润滑作用。车辆停驶时间越长,变质越严重。车辆停驶,油封容易老化变形,油封四周的接触受力会不均匀,受力大的方向,油封变形量就大;车辆停驶时间越长,其变形量就越不易恢复,直到油封发生永久变形,而这也就是漏油的开始。

(2)汽车燃油系统 若汽车停放,油箱内没有或只有少量的燃油,水分就有可能侵入系统中而造成生锈和腐蚀。所以汽车长期停放时要将油箱加满。另外如果油箱和管道中的燃油长时间不用,有可能与氧气发生化学反应而产生胶质沉淀物类的物质,容易堵塞燃油管路。正确的做法是向燃油中添加稳定剂，延长汽油的使用寿命并保证其不变质。

（3）防轮胎变形　如图1-9所示，汽车停驶以后，汽车质量由四个轮胎接触地面的部位承受，从而造成接触部位受压收缩变形。汽车停驶时间越长，变形部位越不易恢复，使轮胎四周的质量分布发生变化，滚动半径不均匀，造成轮胎不平衡。一旦汽车进入高速行驶后，就会发生车身抖振，不仅影响乘车的舒适性，加速轮胎的磨损，还会带来不安全的因素。

图1-8　停驶后生锈的制动盘　　　　　图1-9　车辆停驶后轮胎发生变形

（4）汽车电子元件防潮　汽车上的电子元件及连接件有一个共同的特点，就是要防水、防潮和防腐蚀，否则就会引发故障。对于停驶车辆，其电子元件或插线插头受潮的可能性就会大大增加，并且停驶时间越长，发生故障的概率就越高。

（5）防日晒　汽车长时间不用时应存放在车库或室内停车场内，这样可以不受外界气候的影响。如果没有这个条件，至少也要给汽车罩上车衣（图1-10）。要选择厚及多层的车衣，这样可以有效地减少阳光对漆面的影响。因为强烈的阳光照射能使漆面缓慢地褪色并且促使汽车零件中的聚乙烯材料、皮革和橡胶迅速老化。另外，一定要选择质量好的车衣，并且大小要合适，否则车衣在风的吹动下与车身来回摩擦，其结果如同给汽车罩上了一层砂纸，而且在不停地打磨。

图1-10　长期停驶车辆应罩上车衣

（6）经常检查蓄电池　蓄电池的电解液液面必须高于极板10~15mm，不足时应及时添加蒸馏水，保持电量充足，必要时对蓄电池充电。

四、日常维护保养

汽车日常养护主要包括清洁、安全检测、补充。对日常养护稍有大意不仅会给车辆造成意外损伤，而且危及行车安全，如机油缺乏引起的拉缸烧瓦，车辆某一部分功能失常引起交通事故等。反之，如果日常工作做得仔细认真，不仅能使车辆保持常新，同时还能掌握车辆各部分的技术状况，避免机械事故和交通事故。其实，日常养护工作很简单，归纳起来就是清洁、紧固、检查、补充。

1. 清洁

空气中含有大量灰尘、泥沙和酸性物质，不仅容易被泄漏的燃油黏附，在高温烘烤下容易形成坚硬的保温层，使机件的散热性能变差，而且容易被车身静电吸附而侵蚀油漆面，使之过早褪色。

（1）清洁"三滤"　空气滤清器、燃油滤清器、机油滤清器这"三滤"保养及时与否，直接影响着发动机的性能和使用寿命。

1）空气滤清器。空气滤清器过脏会阻碍新鲜空气进入气缸，导致混合气过浓、燃烧不完全、功率下降、排气超标。

2）燃油滤清器。燃油滤清器堵塞，滤芯的通过阻力增大，造成燃油滤清器内燃油压力升高，供油不足，动力下降。

3）机油滤清器。机油滤清器堵塞，会阻碍机油的流动，使发动机润滑不良、磨损加大甚至烧瓦等。为此，应定期清洗或更换（图1-11）。通常每行驶8000km更换一次，若气候恶劣，应缩短为每5000km更换一次。

（2）清洁蓄电池　现代轿车一般都采用免维护蓄电池，但仍应经常清洁蓄电池的顶部。

图 1-11　机油滤清器的更换

2. 紧固

车辆清洗干净后，就要对各连接处进行紧固。由于运行中的振动、颠簸、摇摆等原因，必然造成连接件松动、磨损。因此，在日常养护中要及时紧固。连接件的日常紧固工作直接关系到行车安全，特别是重要部件，如转向、制动、传动部件等，切不可掉以轻心。

1）对发动机周围各胶管的插头进行紧固，防止油液泄漏。

2）紧固各线路及用电设备的插接器，防止出现断路、短路、搭铁等情况而影响用电设备的正常工作。

3）对主要的连接件进行检查紧固。如发电机传动带（图1-12）、转向联动机构、制动装置连按点、传动系统以及轮胎等。

4）紧固时注意事项：

① 观察周围线路及胶管的夹子是否牢固，防止与其他机件相刮而造成漏电、漏液、漏油、漏水，同时还要看一看软管、防尘罩的工作状况，防止其腐蚀、老化。

图 1-12　紧固发电机传动带

② 如发现连接螺栓、螺母不配或松动，应及时更换。

③ 各种防松件不能混用，如弹簧垫不能用平垫，锥形垫不能用弹簧垫，自锁螺母不能用普通螺母，开口销不能用铁丝等。

④ 螺母紧固后，螺栓应伸出螺母1~3个牙，各种锁止装置应牢固可靠，如锁片应反扣在螺母的侧面上，开口销规格合适、弯曲正确。

3. 检查油液的高度和品质

由于油液在高温下会逐渐损耗与氧化而导致液面降低和性能变差。

（1）检查油液的高度　无论何种液面高度检查，都应先将车停在平地上。

1）检查蓄电池电解液液面的高度。

2）检查机油液面的高度。

3）检查冷却液液面的高度。

4）检查底盘油液液面的高度。

5）如图1-13所示，检查制动液、转向液液面的高度。

各油尺及油液加注口位置如图1-14所示。

图1-13　制动液液面高度的检查

图1-14　油尺及油液加注口位置

（2）检查油液的品质　无论何种油液，均可采用下列方法检查：

1）外观法。观察取出的油液样品，若比较透明，表明污染不严重。

2）气味法。

3）黏度比较法（图1-15）。

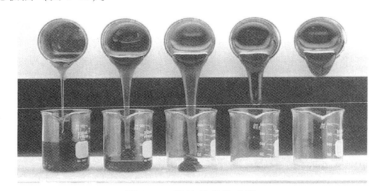

图1-15　机油黏度的比较

4. 补充

（1）油液的补充　检查时若没有发现油液有明显的变质，应检查是否泄漏，若有要予以排除，并及时补足同等级别的油液。油面的检查与机油的加注如图 1-16 所示。

图 1-16　油面的检查与机油的加注

（2）油液的更换　油液变质或超过更换周期，应及时更换。

1）更换周期。通常每行驶 8000km 或半年就更换一次机油；每行驶 2 万~4 万 km 或使用 1~2 年更换一次制动液，加注制动液如图 1-17 所示；使用 1~2 年更换一次冷却液；每使用一年或行驶 10000km 更换一次液压油。

2）清洗方法。在放出油液前加入专用清洁剂，然后起动发动机（若是变速器或后桥应架起后桥）运转一定时间后放出旧油液即可。

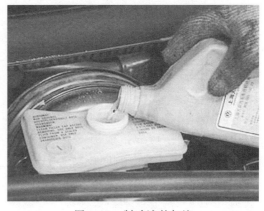

图 1-17　制动液的加注

3）加注油液。对动力转向油的加注，应在发动机怠速运转的情况下加注至最高标线后熄火，左右反复旋转数次，以排除系统中的空气。然后再次起动发动机，观察油面高度（图 1-18），补足至规定位置且储液罐中无气泡产生。

动力转向油壶盖子上一般有一个转向盘标志

打开盖子可以查看动力转向油液位。标尺上有最高、最低液位刻度

图 1-18　动力转向油液高度的检查

五、一级维护保养

1. 一级维护周期与作业项目

一级维护要由专业维修企业负责执行，是在汽车行驶达到一定里程后强制进行的。一级维护的时机一般按汽车生产厂家推荐或规定的行驶里程或使用时间进行。一级维护的间隔里程为 2000～3000km 或 6 个月，以行驶里程或使用时间先达到为准，主要内容除日常维护以外，以清洁、润滑、紧固、补给为主，并检查有关制动、操纵等安全部件，以保持车辆正常的运行状况。作业主要内容包括检查、紧固汽车外露部位松动的螺钉和螺母，按规定对润滑部位加注润滑脂，检查总成内润滑油面，添加机油，清洗空气滤清器、燃油滤清器、机油滤清器三种滤清器。

2. 一级维护工艺流程

一级维护工艺流程，如图 1-19 所示。

3. 一级维护竣工标准

1）对于发动机前后悬架、进排气歧管、散热器、轮胎、传动轴、车身、附件支架等，其外露螺栓、螺母需齐全、紧固、无裂纹。

2）转向臂、转向拉杆、制动操纵机构等工作可靠，锁销

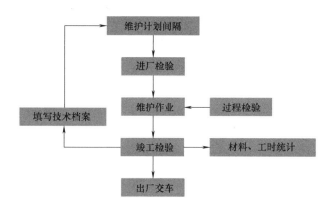

图 1-19　一级维护工艺流程图

齐全有效，转向杆球头、转向传动十字轴承、传动轴十字轴承无松旷。

3）转向器、变速器、驱动桥的润滑油面，应在检视口下沿 0～15mm（车辆处于停驶状态），通风孔应畅通；变速器、减速器凸缘螺母紧固可靠。

4）各润滑脂嘴齐全有效、安装位置正确；所有润滑点均已润滑、无遗漏。

5）空气滤清器滤芯清洁有效。

6）轮胎气压应符合充气规定，胎面无嵌石及其他硬物。车轮轮毂轴承无松旷。

7）离合器踏板和制动踏板自由行程符合技术规定。

8）灯光、仪表、喇叭、信号齐全有效。

9）蓄电池电解液液面应高出极板 10～15mm，通风孔畅通，接头牢靠。

10）短途试车，检查维护效果。试车中，发动机、底盘运行正常，无异响；各操纵部位符合技术要求；转向、制动系统灵敏可靠；各部位紧固无松动；试车后，检视各部位，应无漏水、漏油、漏气和漏电现象。

六、二级维护保养

1. 二级维护周期与作业项目

二级维护要由专业维修企业负责执行，主要内容除一级维护所包括的工作外，主要以检查、调整为主，并拆检轮胎，进行轮胎换位，是在汽车行驶更长一定里程后强制进行的。二级维护前应进行汽车检测诊断和技术评定。汽车在经过一段较长时间的使用后（约

30000km/年），必须进行全面的检查和调整，以保证安全性能、动力性能和经济性能达到使用要求。为防止汽车的早期损坏，保障汽车的正常技术状况和使用，在二级维护前，必须对汽车进行检测诊断和技术评定。

2. 二级维护前的技术评定

二级维护前的技术评定如图 1-20 所示。

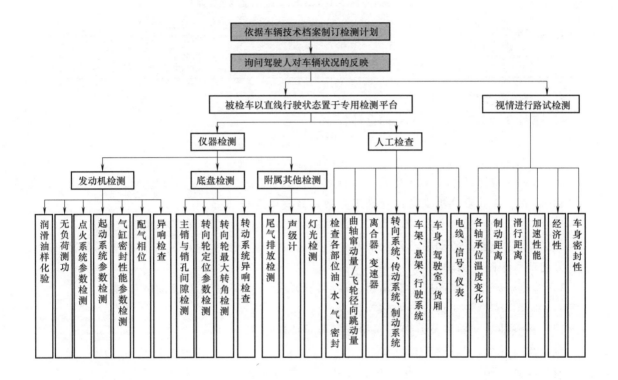

图 1-20　二级维护前的技术评定流程图

3. 二级维护前的诊断项目

二级维护前的诊断项目见表 1-7。

表 1-7　汽车二级维护前应进行的检测诊断项目

分类	序号	测试种类	检测项目
检测部分	1	点火系统参数	触点闭合角、分电器重叠角、点火电压、点火提前角
	2	发动机动力性	无负荷功率、各缸功率平衡
	3	起动系统参数	起动电流、起动电压
	4	气缸密封情况	气缸压力、曲轴箱窜气、气缸漏气、真空度
	5	配气相位	进排气门开启、关闭角度
	6	发动机异响	曲轴轴承、连杆轴承、活塞、活塞销、配气机构
	7	气缸表面状况	气缸拉痕、活塞顶烧蚀、积炭、活塞偏磨
	8	机油化验分析	斑痕污染指数、水分、闪点、酸值、运动黏度、铁屑含量

（续）

分类	序号	测试种类	检测项目
检查部分	1	发动机	发动机机油、水密封件,曲轴前后油封漏油,散热器、水泵水封、水套漏水,曲轴轴向间隙,异响
	2	转向系统	转向盘自由行程,转向器工作状况及油封密封状态,路试转向稳定性(视情况进行)
	3	传动系统	离合器工作情况,变速器、减速器壳油封密封状态及壳体表面状况,路试变速器、传动轴各轴承,主减速器、差速器异响,变速器、差速器壳体温度
	4	行驶系统	轮胎偏磨,钢板弹簧座、销、套磨损状况;车架裂伤、各部铆接状况
	5	仪表信号	仪表信号、机油压力、冷却液温度、发电机充电指示
	6	其他	车身、驾驶室各钣金件开裂、锈蚀、变形、脱漆;锁止机构状况;牵引机构状况

4. 二级维护常规作业项目

1）进行日常保养和一级保养的全部作业。

2）更换汽油滤清器、机油滤清器和空气滤清器等。

3）检查发电机和起动机,必要时更换电刷并润滑各轴承。

4）检查、紧固进排气歧管及消声器总成螺栓螺母。

5）检查、紧固发动机支架螺栓螺母、散热器支架螺栓螺母。

6）检查曲轴主轴承及连杆轴承,紧固其螺栓螺母;检查离合器、润滑分离轴承。

7）检查变速器、传动轴、万向节和中间支承轴承及各部紧固情况,润滑变速器第一轴承、万向节和中间支承轴承。

8）检查、调整、紧固驻车制动器、前后轮制动器、制动轮缸和制动软管。

9）检查、调整转向盘的自由转动量。

10）检查前后减振器及万向节,检查、调整前轮前束。

11）检查轮胎,并进行轮胎换位。

12）检查、调整电喇叭、指示灯、照明灯、变光器及仪表线路插头。

13）更换发动机机油。

第二章 Chapter 2
汽车维护常用工具的使用

第一节　常用工具的使用

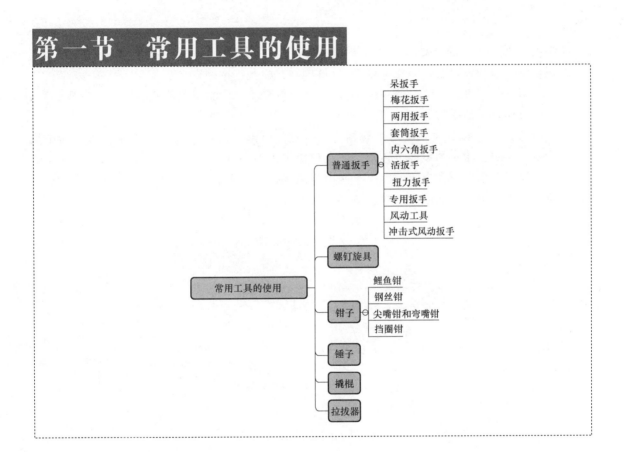

一、普通扳手

1. 呆扳手

如图 2-1 和图 2-2 所示，呆扳手是一种最常见的维修工具，俗称开口扳手。其开口的中心平面和本体中心平面成 15°角，这样既能适应人手的操作方向，又可降低对操作空间的要求。其规格是以两端开口的宽度来表示的，如 8-10、12-14 等；通常是成套装备，有 8 件一套、10 件一套等，通常用 45 钢、50 钢锻造，并经热处理。

呆扳手的使用方法及注意事项如图 2-3 所示。

① 呆扳手的规格应与所拆螺栓、螺母相适应。如果过大，呆扳手开口侧面就不能与螺栓头部或螺母贴紧，用力时呆扳手就会脱离螺栓头部或螺母，导致滑丝。

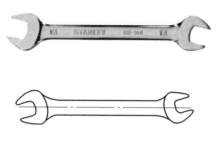

图 2-1　呆扳手

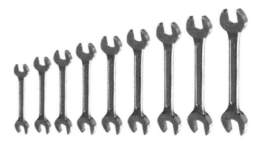

图 2-2　9 件套呆扳手

②　用呆扳手时，为了使扳手不致损坏或滑出，在最初旋松和最后旋紧螺栓时，拉力应施加在较厚一边的扳口上，但螺栓松动后可以翻转使用。

③　使用呆扳手时，最好的效果是拉动，若必须推动，只能用手掌来推并且手指要伸直，以防螺栓松动时碰伤手指。

④　呆扳手钳口以一定角度与手柄相连。这意味着通过转动呆扳手，可在有限空间中进一步旋转。为防止相对的零件也转动，如在拧松一根燃油管时，用两个呆扳手去拧松一个螺母。呆扳手不能提供较大力矩，因此不能用于最终拧紧。不能在呆扳手手柄上接套管，这会造成超大力矩，损坏螺栓或呆扳手。

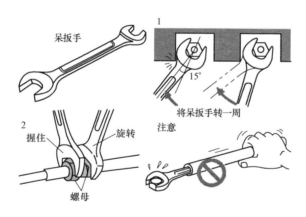

图 2-3　呆扳手的正确使用

2. 梅花扳手

如图 2-4 和图 2-5 所示，梅花扳手同呆扳手的用途相似，其两端是花环式的。其孔壁一般是十二边形，可将螺栓和螺母头部套住，扭转力矩大，工作可靠，不易滑脱，携带方便。使用时，扳动 30°角后，即可换位再套，因而适用于狭窄场合下操作。与呆扳手相比，梅花扳手强度高，因为扳手钳口是双六角形的，可以容易地装配螺栓/螺母。这可以在一个有限空间内重新安装，并且由于螺栓/螺母的六角形表面被包住，没有损坏螺栓角的危险，使用时可施加大力矩。这种扳手的特点是使用时不易滑脱，但套上、取下不方便。

梅花扳手规格以闭口尺寸（mm）来表示，如 8-10、12-14 等；通常是成套装备，有 8 件一套、10 件一套等；通常用 45 钢或 40Cr 锻造，并经热处理。

如图 2-6 所示，梅花扳手使用方法及注意事项如下。

图 2-4 梅花扳手

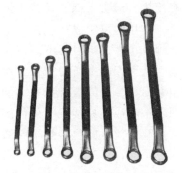

图 2-5 8件套梅花扳手

① 因为扳手钳口是双六角形的，可以容易地装配螺栓/螺母。这可以在一个有限空间内重新安装。

② 由于螺栓/螺母的六角形表面被包住，没有损坏螺栓角的危险，可施加大力矩。

③ 由于轴是有角度的，可用于在凹进空间里或在平面上旋转螺栓/螺母。

3. 两用扳手

如图 2-7 和图 2-8 所示，两用扳手兼有两种扳手的优点，用起来更方便。两用扳手就是把呆扳手和梅花扳手制

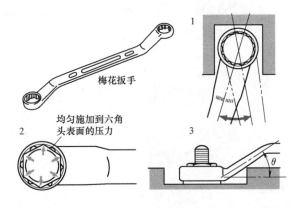

图 2-6 梅花扳手的使用

成一体，即一端是呆扳手，另一端是梅花扳手，并且呆扳手和梅花扳手的米制尺寸相同。呆扳手一端适合快拧，梅花扳手一端可用于大力矩紧固操作，工作效率高。因此，在汽车维护作业中，两用扳手的使用更加普遍，通常也是成套装备。使用方法及注意事项与呆扳手和梅花扳手相同。

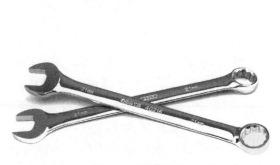

图 2-7 两用扳手

图 2-8 8件套两用扳手

4. 套筒扳手

如图 2-9 所示，套筒扳手适用于拆装位置狭窄或需要一定力矩的螺栓或螺母。套筒扳手

主要由套筒头、滑头手柄、棘轮手柄、快速摇柄、接头和加长杆等组成，各种手柄适用于不同的场合，使用时可组成一把扳手，其套筒部分与梅花扳手的端头相似。

套筒制成单件，可以拆下。可根据需要，选用不同规格的套筒和各种手柄进行组合。例如，活动手柄可以调整所需力臂，快速手柄用于快速拆装螺母、螺栓，同时还能配用扭力扳手显示扭紧力矩。套筒扳手具有功能多、使用方便、安全可靠的特点，尤其在拆装部位空间狭小、凹下很深或不易接近等部位的螺栓、螺母更为方便、实用。以操作方便或提高效率为原则，常用套筒扳手的规格是 10~32mm。常用的套筒扳手有 13 件套、17 件套和 24 件套等多种规格。

① 套筒头。套筒头是圆筒形状，使用时环孔紧套在螺栓或者螺母的 6 个面上，所以不会打滑或脱落，是汽车维护中的常用工具。套筒头的环孔形状与梅花扳手相同，有 6 角或 12 角，如图 2-10 所示，但二者的强度基本没有区别，可以随意选择，但是紧固小尺寸的螺栓/螺母时，为防止螺栓变形，建议选用 6 角。

图 2-9　套筒扳手

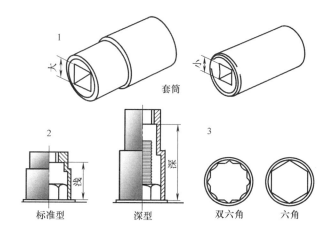

图 2-10　成套套筒扳手

按套筒扳手的用途分类，有利用棘轮手柄作业的手动套筒扳手和利用气动工具、电动工具作业的机动套筒扳手。一般机动套筒扳手比手动套筒扳手的尺寸大 15%~20%，并且机动套筒扳手的强度和硬度都比较高，表面更不易变形。所以不可以将手动套筒扳手代替机动套筒扳手使用，以免损坏。

② 手柄。套筒扳手的手柄有棘轮扳手（图 2-11）手柄、滑动扳手和旋转扳手手柄（图 2-12）。棘轮扳手能提高工作效率，使用广泛。棘轮扳手的方头部分为棘轮结构，可以切换正转或反转，特别适合狭窄场合使用。此外，还有 L 形伸缩扳手、快速摇柄、滑行头手柄等，如图 2-13 所示。滑行头手柄的手柄头可沿扳杆滑动，力臂可以变化，L 形伸缩扳手可倾斜一定角度旋转套筒头，快速摇柄能连续转动，使用方便，工作效率较高。

③ 加长杆。如图 2-14 所示，加长杆连接在套筒头与手柄之间，适合在狭窄空间作业，可用于拆下和更换装得太深不易接触的螺栓/螺母，加长杆也用于将工具抬离平面一定高度，便于使用。可根据使用情况，选择接杆的长度。

④ 万向接头。如图 2-15 所示，套筒的方形套头部分可以前后或左右移动，手柄和套筒扳手之间的角度可以自由变化，使其成为在有限空间内工作的有用工具。不要使手柄倾斜较

大角度来施加力矩。不能用于风动工具，因为球节处由于不能吸收旋转摆动会脱开，并造成工具、零件或车辆损坏。

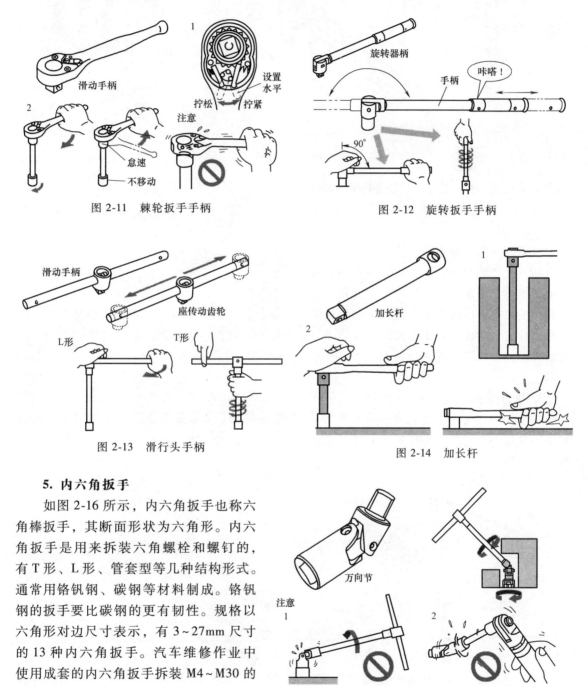

图 2-11　棘轮扳手手柄

图 2-12　旋转扳手手柄

图 2-13　滑行头手柄

图 2-14　加长杆

5. 内六角扳手

如图 2-16 所示，内六角扳手也称六角棒扳手，其断面形状为六角形。内六角扳手是用来拆装六角螺栓和螺钉的，有 T 形、L 形、管套型等几种结构形式。通常用铬钒钢、碳钢等材料制成。铬钒钢的扳手要比碳钢的更有韧性。规格以六角形对边尺寸表示，有 3~27mm 尺寸的 13 种内六角扳手。汽车维修作业中使用成套的内六角扳手拆装 M4~M30 的内六角螺栓。

图 2-15　万向接头

6. 活扳手

如图 2-17 所示，活扳手的开口尺寸能在一定的范围内任意调整，可用于拆装不规则的螺母/螺栓，使用场合与呆扳手相同，但活扳手操作起来不太灵活。其规格是以最大开口宽

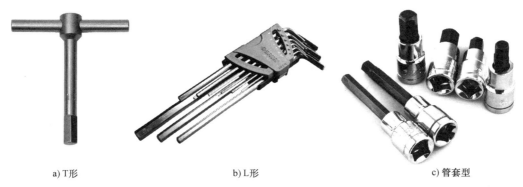

a) T形   b) L形   c) 管套型

图 2-16　内六角扳手

度（mm）来表示的，常用的有 150mm、300mm 等，通常是由碳素钢（T）或铬钢（Cr）制成的。

图 2-17　活扳手

使用方法及注意事项：使用活扳手时，应将活动钳口调整合适，工作时应使扳手可动部位承受推力，固定部分承受拉力，并且用力应均匀。使用中，尽量使用梅花扳手和呆扳手，不得已使用活扳手时，一定要调整好开口的尺寸与螺栓棱角的配合，小心使用，以防破坏螺栓棱角。使用时应使调节钳口在旋转方向上来转动扳手。如果不用这种方法转动扳手，压力将作用在调节螺杆上，使其损坏，如图 2-18 所示。

7. 扭力扳手

如图 2-19 所示。扭力扳手是一种用以拧紧螺栓/螺母达到规定的力矩并可读出所施力矩大小的专用工具，除用来控制螺纹件旋紧力矩外，还可以用来测量旋转件的起动转矩，以检查配合、装配情况。

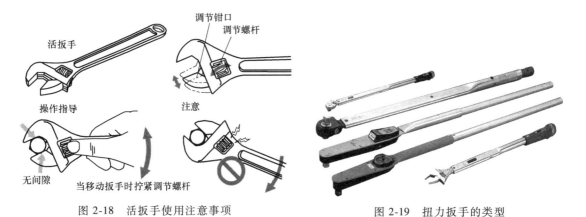

图 2-18　活扳手使用注意事项   图 2-19　扭力扳手的类型

扭力扳手类型可分为预置型和板簧式，预置型通过旋转套筒可预设所要求的力矩。当螺栓在这些条件下拧紧时，会听到咔哒声，表明已达到规定的力矩。板簧式扭力扳手通过弯曲梁板，借助作用到旋转手柄上的力进行操作，此梁板由钢板弹簧制成。作用力可通过指针和刻度读出，以便取得规定的力矩。

使用扭力扳手应注意以下事项。

① 所选用的扭力扳手的开口尺寸必须与螺栓或螺母的尺寸相符合，扳手开口过大易滑脱并损伤紧固件的六角。在进口汽车维修中，应注意扳手公英制的选择；各类扳手的选用原则，一般优先选用套筒扳手，其次为梅花扳手，再次为呆扳手，最后选活扳手。

② 为防止扳手损坏和滑脱，应使拉力作用在开口较厚的一边，这一点对受力较大的活扳手尤其应该注意，以防开口出现"八"字形，损坏螺母和扳手。

③ 扭力扳手是按人手的力量来设计的，遇到较紧的螺纹件时，不能用锤击打扳手；除套筒扳手外，其他扳手都不能套装加力杆，以防损坏扳手或螺纹连接件。

④ 使用扭力扳手时，当听到"啪"的一声时，此时是最合适的。

⑤ 如果拧紧几个螺栓，在每个螺栓上均匀施加扭力，重复2次或3次。

⑥ 如果专用维修工具与扭力扳手一起使用，则要按照修理手册中的说明计算力矩。

⑦ 对于板簧式扭力扳手，注意使用到其刻度的50%～70%量程，以便施加均匀的力，不要用力太大使手柄接触到杆。如果压力不是作用在销上的，则不能获得精确的转矩测量值。

8. 专用扳手

专用扳手是一种用途较为单一的特殊扳手的统称，通常以其用途或结构特点来命名。每一种专用扳手又可以按照不同的规格和尺寸进行分类。在使用专用扳手时，必须选用与零件相适应的扳手，以免扳手滑脱伤手或损坏零件。

1）火花塞套筒扳手。如图2-20所示，火花塞套筒扳手用来拆装火花塞，根据火花塞型号的不同而不同。

2）L形轮胎扳手。L形轮胎扳手用于拆装轮胎，如图2-21所示。

图2-20 火花塞套筒扳手

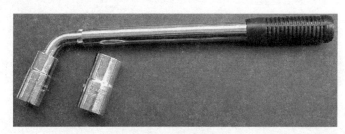

图2-21 L形轮胎扳手

3）气门芯扳手。气门芯扳手用于拆装气门芯，如图2-22所示。

4）机油滤清器扳手。机油滤清器扳手用于拆装机油滤清器，如图2-23所示。

9. 风动工具

如图2-24所示，风动工具使用压缩空气，并用于拆卸和更换螺栓/螺母。

使用方法及注意事项：永远在正确的气压下使用，定期检查风动工具并用风动工具油润滑并防锈。如果用风动工具从螺钉上完全取下螺母，则旋

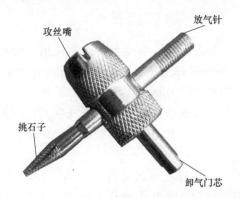

图2-22 多功能气门芯扳手

a) 带式   b) 链条   c) 三爪式

图 2-23   机油滤清器扳手

转力可使螺母飞出，往往先用手将螺母对准螺钉，如果一开始就打开风动工具，则螺纹会被损坏。注意不要拧得过紧。使用较小的力拧紧，最后使用扭力扳手检查紧固力矩。

10. 冲击式风动扳手

如图 2-25 所示，冲击式风动扳手用于要求较大力矩的螺栓、螺母，力矩可调到 4 ~ 6 级，旋转方向可以改变，与专用的套筒扳手结合使用。专用的套筒扳手经过专门加工，其特点是能防止零件从传动装置上飞出。切勿使用专用套筒扳手以外的其他套筒扳手。

注意：在操作时必须用两只手握住工具，因为按下按钮释放大的力矩，可能引起振动。力矩调整按钮和旋转方向按钮的位置和形状因制造厂的不同而不同。

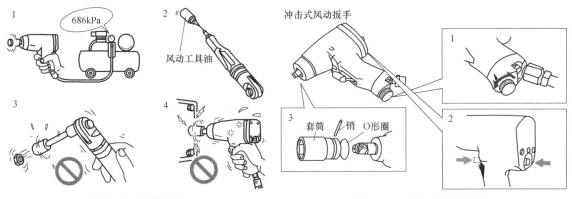

图 2-24   风动工具   图 2-25   冲击式风动扳手

二、螺钉旋具

螺钉旋具俗称螺丝刀，主要用于旋松或旋紧有槽螺钉。螺钉旋具（以下简称旋具）有很多类型，其区别主要是尖部形状，每种类型的旋具按长度不同分为若干规格。常用的旋具是一字螺钉旋具和十字槽螺钉旋具，如图 2-26 所示。

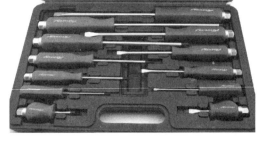

图 2-26   成套螺钉旋具

一字螺钉旋具俗称一字起子、平口改锥，用于旋紧或松开头部开一字槽的螺钉，一般工作部分用碳素工具钢制成，并经淬火处理。其规格以刀体部分的长度表示，常用的规格有 100mm、150mm、200mm 和 300mm 等几种。使用时，应根据螺钉沟槽的宽度选用相应的规格。

十字槽螺钉旋具俗称十字形起子、十字改锥，用于旋紧或松开头部带十字沟槽的螺钉，材料和规格与一字螺钉旋具相同。

使用方法及注意事项：如图 2-27 所示，使用尺寸合适的旋具，与螺钉的槽大小合适。保持旋具与螺钉尾端成直线，边用力边转动。切勿用鲤鱼钳或其他工具过度施加力矩。这可能刮削螺钉的凹槽或损坏旋具尖头。

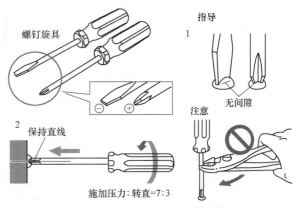

图 2-27　螺钉旋具的使用注意

三、钳子

钳子多用来弯曲或安装小零件、剪断导线或螺栓等。

1. 鲤鱼钳

如图 2-28 所示，鲤鱼钳头的前部是平口细齿，适用于夹捏一般小零件；中部凹口粗长，用于夹持圆柱形零件，也可以代替扳手旋小螺栓、小螺母；钳口后部的刃口可剪切金属丝。因为一片钳体上有两个互相贯通的孔，又有一个特殊的销子，所以操作时钳口的张开度可很方便地变化，以适应夹持不同大小的零件。如图 2-29 所示，改变支点上的孔的位置使钳口打开的程度可以调节，可用钳口夹紧或拉动，可在颈部切断细导线。在用钳子夹紧前，须用防护布或其他防护罩遮盖易损坏件。鲤鱼钳是汽车维修作业中使用最多的手钳。其规格以钳长来表示，一般有 165mm、200mm 两种，用 50 钢制造。

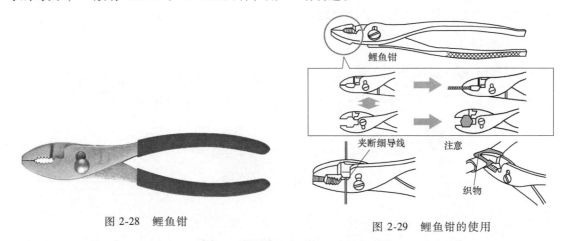

图 2-28　鲤鱼钳

图 2-29　鲤鱼钳的使用

2. 钢丝钳

如图 2-30 所示，钢丝钳的用途和鲤鱼钳相仿，但其支销相对于两片钳体是固定的，故使用时不如鲤鱼钳灵活，但剪断金属丝的效果比鲤鱼钳要好，规格有 150mm、175mm、

200mm 三种。

3. 尖嘴钳和弯嘴钳

图 2-30　钢丝钳

尖嘴钳和弯嘴钳如图 2-31 和图 2-32 所示，因其头部细长，所以能在较小的空间内工作，带刃口的能剪切细小零件，使用时不能用力太大，否则钳口头部会变形或断裂。其规格以全长来表示，常有 125mm、150mm、175mm 三种。

图 2-31　尖嘴钳

图 2-32　弯嘴钳

4. 挡圈钳

挡圈钳用于拆装弹性挡圈。挡圈分为孔用和轴用两种。因安装部位不同，挡圈钳可分为直嘴式和弯嘴式，又可分为孔用和轴用挡圈钳，如图 2-33 所示。汽车维修保养作业中应用较多的为 175mm 挡圈钳。轴用挡圈钳和孔用挡圈钳的主要区别：轴用挡圈钳是拆装轴用弹簧挡圈的专用工具，它的手把握紧时钳口是张开的；孔用挡圈钳是拆装孔用弹簧挡圈用的，手把握紧时，钳口是闭合的。

图 2-33　挡圈钳

四、锤子

汽车维修中常用锤子有手锤、木锤和橡胶锤，如图 2-34 所示。手锤通常用工具钢制成，规格按锤头质量划分，汽车维修中最常用的是圆头手锤。使用时应使锤头安装牢靠，手握锤

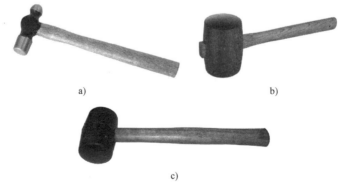

a)

b)

c)

图 2-34　锤子

柄末端，用锤头正面击打物体。木锤和橡胶锤主要用于击打零件加工表面，以保护零件不被损坏。

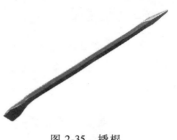

图 2-35　撬棍

五、撬棍

撬棍为汽车工具箱中的一件普通工具，如图 2-35 所示，可用于撬动旋转件或撬开接合面，也可用于工件的整形，使用时将撬棍稳定支撑于某一位置，加力使之转动或撬起。使用时，撬棍不可代替铜棒使用，也不可用于软材质界面接合处。

六、拉拔器

拉拔器是用于拆卸过盈配合安装在轴上的齿轮或轴承等零件的专用工具，有二爪与三爪之分，如图 2-36 所示。常用拉拔器为手动式，在一杆式弓形叉上装有压力螺杆和拉爪。使用时，在轴端与压力螺杆之间垫一垫板，用拉拔器的拉爪拉住齿轮或轴承，然后拧紧压力螺杆，即可从轴上拉下齿轮等过盈配合安装零件。

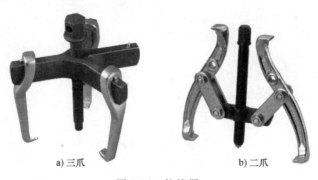

a) 三爪　　　　　b) 二爪

图 2-36　拉拔器

第二节　常用量具的使用

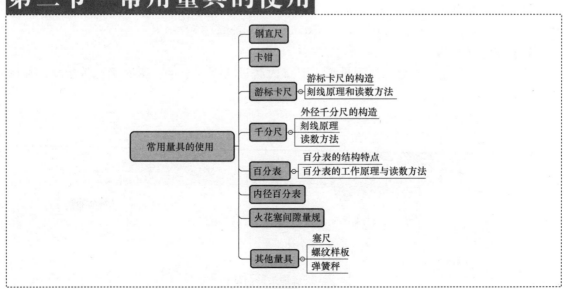

一、钢直尺

钢直尺（图 2-37）是一种最简单的测量长度且可直接读数的量具，用薄钢板制成，常用来粗测工件的长度、宽度和厚度。常见钢直尺的规格有 150mm、300mm、500mm、1000mm 等。

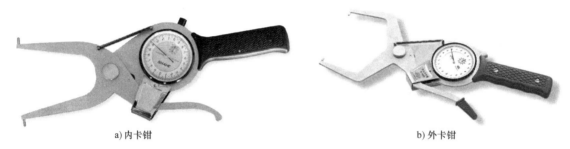

图 2-37　钢直尺

二、卡钳

卡钳是一种间接读数的量具，卡钳上不能直接读出尺寸，必须与钢直尺或其他刻线量具配合测量。内卡钳用来测量内径、凹槽等。外卡钳用来测量外径和平行面等，如图 2-38 所示。

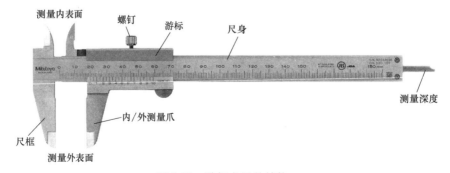

a) 内卡钳　　　　　　　　　　　　　　　b) 外卡钳

图 2-38　卡钳

三、游标卡尺

游标卡尺是一种较精密的量具，能较精确地测量工件的长度、宽度、深度及内、外圆直径等尺寸。其常用的规格有 0～125mm、0～150mm、0～200mm、0～300mm、0～500mm 等多种。游标卡尺按其精度可分为 0.1mm、0.05mm、0.02mm 三种。

1. 游标卡尺的构造

游标卡尺由尺身、游标、外测量爪、刀口内测量爪、深度尺、紧固螺钉等组成，如图 2-39 所示。

测量内表面　　螺钉　　游标　　尺身

测量深度

尺框

测量外表面　　内/外测量爪

图 2-39　游标卡尺的结构

内、外固定测量爪与尺身制成一体，而内、外径活动测量爪和深度尺与游标制成一体，并可在尺身上滑动。尺身上的刻度每格为1mm，游标上的刻度每格不足1mm。当内、外测量爪合拢时，尺身与游标上的零线应重合；在内、外测量爪分开时，尺身与游标上的刻线即相对错动。测量时，根据尺身与游标错动情况即可在尺身上读出整数毫米数，在游标上读出小数毫米数。为了使测好的尺寸不致变动，可拧紧紧固螺钉使游标不再滑动。

2. 刻线原理和读数方法

不同精度的游标卡尺的刻线原理和读数方法见表2-1、图2-40。

表 2-1　游标卡尺的刻线原理及读数方法

精度值 /mm	刻线原理	读数方法及示例
0.1	尺身1格=1mm，游标1格=0.9mm，共10格，尺身、游标每格之差=(1-0.9)mm=0.1mm	读数=游标0刻线指示的尺身整数+游标与尺身重合线数×精度值 示例： 读数=(90+4×0.1)mm=90.4mm
0.05	尺身1格=1mm，游标1格=0.95mm，共20格，尺身、游标每格之差=(1-0.95)mm=0.05mm	读数=游标0刻线指示的尺身整数+游标与尺身重合线数×精度值 示例： 读数=(30+11×0.05)mm=30.55mm
0.02	尺身1格=1mm，游标1格=0.98mm，共50格，尺身、游标每格之差=(1-0.98)mm=0.02mm	读数=游标0刻线指示的尺身整数+游标与尺身重合线数×精度值 示例： 读数=(23+13×0.02)mm=23.26mm

四、千分尺

千分尺俗称螺旋测微器，是比游标卡尺更为精确的一种精密量具，其测量精度可达0.01mm，按其用途的不同可分为外径千分尺、内径千分尺、深度千分尺和螺纹千分尺等。

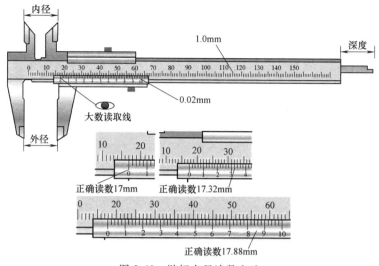

图 2-40　游标卡尺读数方法

这里只介绍常用的外径千分尺的构造和使用。

1. 外径千分尺的构造

外径千分尺是用来测量工件外部尺寸的。图 2-41 所示为外径千分尺的结构图。其测量的范围分为 0~25mm、25~50mm、50~75mm、75~100mm、100~125mm 等多种。它由测砧、测微螺杆、螺纹轴套、固定套管、微分筒、调节螺母、测力装置、锁紧装置等组成。

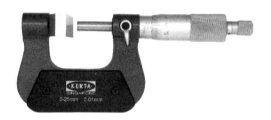

图 2-41　千分尺

2. 刻线原理

千分尺是利用螺旋副传动原理，借助螺杆与螺纹轴套的精密配合，将回转运动变为直线运动，以固定套管和微分筒（相当于游标卡尺的尺身和游标）所组成的读数机构读得被测工件尺寸的。

固定套管外面有尺寸刻线，上、下刻线每 1 格为 1mm，相邻刻线间距离为 0.5mm。测微螺杆后端有精密螺纹，螺距是 0.5mm，当微分筒旋转一周时，测微螺杆和微分筒一同前进（或后退）0.5mm，同时，微分筒就遮住（或露出）固定套管上的 1 条刻线。在微分筒圆锥面上，一周等分成 50 条刻线，当微分筒旋转一格（即一周的 1/50）时，测微螺杆就移动 0.01mm，故千分尺的测量精度为 0.01mm。

3. 读数方法

1）先读固定套管上的毫米数和半毫米数。

2）再看微分筒上第几条刻线与固定套管的基线对正，即有几个 0.01mm。

3）将两个读数值相加就是被测量工件的尺寸值。

在图 2-42a 中，固定套管上露出来的数值是 7.50mm，微分筒上第 39 格线与固定套管上基线正对齐，即数值为 0.39mm，此时，千分尺的正确读数为 7.50mm＋0.39mm＝7.89mm。在图 2-42b、c 中，千分尺的正确读数分别为 7.5mm＋0.35mm＝7.85mm 和 0.50mm＋0.10mm＝0.60mm。

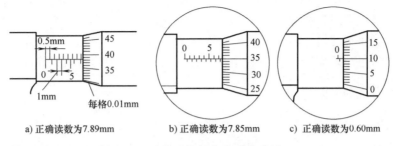

a) 正确读数为7.89mm   b) 正确读数为7.85mm   c) 正确读数为0.60mm

图 2-42　千分尺的刻度和读数示例

五、百分表

1. 百分表的结构特点

百分表是一种精度较高的齿轮传动式测微量具，如图 2-43 所示。它利用齿轮齿条传动机构将测杆的直线移动转变为指针的转动，由指针指出测杆的移动距离。因百分表只有一个测量头，所以它只能测出工件的相对数值。百分表主要用来测量机器零件的各种几何形状偏差和表面相互位置偏差（如平面度、垂直度、圆度和跳动量），也可测量工件的长度尺寸，也常用于工件的精密找正。它具有外形尺寸小、质量小、使用方便等特点。

图 2-43　百分表

2. 百分表的工作原理与读数方法

其工作原理是将测杆的直线位移经过齿条与齿轮传动转变为指针的角位移。百分表的刻度盘圆周刻成 100 等份，其分度值为 0.01mm。若主指针转动 1 周，则测杆的位移量为 1mm；小指针转一格，测杆的位移量为 0.01mm，此时读数为 0.01mm。表圈和表盘是一体的，可任意转动，以便使指针对正零位。小指针用以指示大指针的回转圈数。常见百分表的测量范围为 0～3mm、0～5mm 和 0～10mm 等。

六、内径百分表

内径百分表俗称量缸表，它借助于百分表为读数机构，配备杠杆传动系统或楔形传动系统的杆部件组合而成。它用比较法来测量孔径及其几何形状偏差。在发动机拆装与检修中，内径百分表主要用来测量气缸的尺寸精度和形状精度，也可以用来测量工件上孔的尺寸精度和形状精度。

图 2-44 所示为配备杠杆传动系统的内径百分表，它的上部是百分表，下部是量杆装置，上、下部分有联动关系。测量时，被测孔的尺寸偏差借活动测量头的位移，通过杠杆和传动

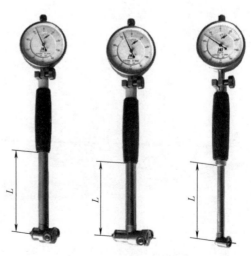

图 2-44　内径百分表

杆传递给百分表。因传动系统的传动比为1，因此，测量头所移动的距离值与百分表的指示值相等。为了测量不同直径的缸体，内径百分表备有长短不同的固定量杆，并在各量杆上标有测量范围，以便于选用。内径百分表的规格是按测量直径的范围来划分的，如18~35mm、35~50mm、50~160mm等。汽车维修作业中常用内径百分表的规格为50~160mm。

七、火花塞间隙量规

火花塞间隙量规用于测量和调节火花塞间隙，如图2-45所示。测量范围：0.8~1.1mm。有不同厚度的量规可用于测量火花塞间隙。测量时把搭铁电极放在量规槽里进行弯曲，以便调整间隙。首先清洁火花塞，然后测量间隙最小处的值，使用滑动时有轻微阻力但没有松动的量规，并读出其厚度。调整火花塞间隙（图2-46）时将调整板的缺口部分放在火花塞的搭铁电极上，然后弯曲电极以调整。不要碰触到绝缘体和中心电极。

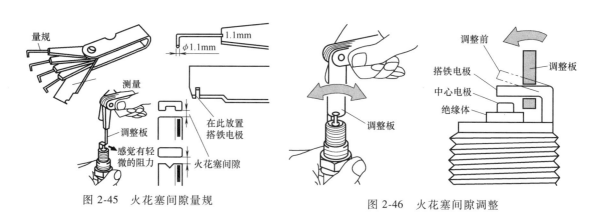

图 2-45　火花塞间隙量规　　　　　图 2-46　火花塞间隙调整

八、其他量具

1. 塞尺

塞尺俗称厚薄规或测隙片，一般是成套供应，其外形如图2-47所示。塞尺由不同厚度的金属薄片组成，每个薄片有两个相互平行的平面并有较准确的厚度。塞尺的规格以长度和每组片数来表示。其长度有50mm、100mm、200mm、300mm，每组片数有11~17等多种。

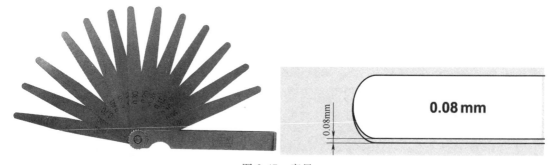

图 2-47　塞尺

塞尺主要用于检查两平面或接合面之间间隙的大小，塞尺与平尺及等高垫块结合使用，可检验平台台面的平面度。在汽车检修中，塞尺常用来测量零件之间的配合间隙，如气门间隙、曲轴轴向间隙等。

2. 螺纹样板

螺纹样板俗称螺距规、螺纹规，有米制和英制两种。米制螺纹样板用来测量螺距，英制螺纹样板用来测量每英寸牙数。它们一般是成套供应的，米制上注 60° 和螺距数字，英制上注有 55° 和每寸牙数，以区分米、英制和螺纹的牙型角。米制的螺纹样板一套由 20 片组成，它的螺距有如下 20 种：0.4mm、0.45mm、0.5mm、0.6mm、0.7mm、0.75mm、0.8mm、1mm、1.25mm、1.5mm、1.75mm、2mm、2.5mm、3.0mm、3.5mm、4mm、4.5mm、5mm、5.5mm 和 6mm。

使用时，目测螺距后选择近似的一片与螺纹吻合。如果吻合严密，则该片上的数字为所测的螺距或每寸牙数。

3. 弹簧秤

弹簧秤是用来测量拉力或弹力的，其外壳的正面刻有量度单位，单位为 N 或 kgf。使用时，把要测的物体挂在钩上，拉动或提起圆环，弹簧就伸长，固定在弹簧上的指针也跟着移动，即可得出被测力的大小。

第三节 常用维护仪器设备的使用

```
常用维护仪器设备的使用
├─ 滑脂枪
├─ 千斤顶
├─ 汽车举升机
├─ 气缸压力表 ─┬─ 作用
│              └─ 使用方法
├─ 燃油压力表 ─┬─ 用途
│              └─ 使用方法
├─ 真空压力表 ─┬─ 用途
│              └─ 使用方法
├─ 轮胎气压表
└─ 高温高压清洗机
```

一、滑脂枪

滑脂枪俗称黄油枪，如图 2-48 所示，它是一种专门用来加注润滑脂（黄油）的工具。使用方法如下。

1）填装黄油。

① 拉出拉杆使柱塞后移，拧下滑脂枪缸筒前盖。

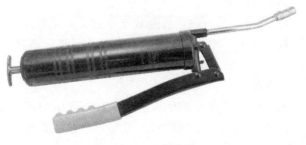

图 2-48 滑脂枪

② 把干净的润滑脂分成团状，徐徐装入缸筒内，且使润滑脂团之间尽量相互贴紧，便于缸筒内的空气排出。

③ 装回前盖，推回拉杆，柱塞在弹簧作用下前移，使润滑脂处于压缩状态。

2）注油方法。

① 把滑脂枪接头对正被润滑的滑脂嘴，直进直出，不能偏斜，以免影响润滑脂加注，减少润滑脂的浪费。

② 注油时，如注不进油，应立即停止，并查明堵塞的原因，排除后再进行注油。

3）加注润滑脂时，不进油的主要原因如下。

① 滑脂枪缸筒内无润滑脂或压力缸筒内的润滑脂间有空气。

② 滑脂枪压油阀堵塞或注油接头堵塞。

③ 滑脂枪弹簧疲劳过软而造成弹力不足或弹簧折断而失效。

④ 柱塞磨损过甚而导致漏油。

⑤ 油脂嘴被泥污堵塞而不能注入润滑脂。

二、千斤顶

千斤顶是一种最常用、最简单的起重工具，按照其工作原理可分为机械丝杆式和液压式，如图 2-49 所示。按照所能顶起的质量可分为 3000kg、5000kg、9000kg 等多种不同规格。

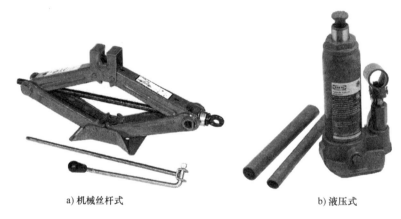

a) 机械丝杆式　　　　　　　　　　　b) 液压式

图 2-49　千斤顶

1）准备。在顶升前，应检查修理手册中说明的车辆举升点和马凳的支架支承点。确保马凳调到相同高度，将其放在车辆附近，将车轮挡块放在左前轮胎和右前轮胎的前面（如果车辆从后面顶升）。

2）顶升。顶升时，将释放把手拧紧，把修车千斤顶放在规定位置再顶升车辆，注意它所面对的方向，通常从尾部顶起车辆。但是，顶起顺序会因车型而异。千斤顶适配器用于带有偏置差动齿轮的四轮驱动车辆。切勿将千斤顶放在转矩车桥上顶升。

注意：

① 须一直在平整的地面上修车，车辆中的所有行李须取出。

② 在顶升时一定要使用支承架。装好马凳后才可进入车下。

③ 切勿一次使用多个修车千斤顶。

④ 切勿顶起超过千斤顶最大允许荷载的任何车辆。

⑤ 带有空气悬架的车辆因其结构关系需要特别处理，请参考维修手册说明。

3）降下。在升降车辆前须进行安全检查，并告知其他人即将开始作业。在降下车辆前须检查车下，保证没有东西。慢慢地释放把手并轻轻地放下手柄，当轮胎已完全落地时，使用车轮挡块挡住车轮。

4）千斤顶使用注意事项。

① 汽车在顶起或下降过程时，禁止在汽车下面进行作业。

② 应徐徐拧松液压开关，使汽车缓慢下降，下降速度不能过快，否则易发生事故。

③ 在松软路面上使用千斤顶顶起汽车时，应在千斤顶底座下加垫一块有较大面积且能承受压力的材料（如木板等），防止千斤顶由于汽车重压而下沉。千斤顶与汽车接触位置应正确、牢固。

④ 千斤顶把汽车顶起后，当液压开关处于拧紧状态时，若发生自动下降故障，则应立即查找原因，及时排除故障后方可继续使用。

⑤ 如发现千斤顶缺油时，应及时补充规定油液，不能用其他油液或水代替。

⑥ 千斤顶不能用火烘热，以防皮碗、皮圈损坏。

⑦ 千斤顶必须垂直放置，以免因油液渗漏而失效。

三、汽车举升机

汽车举升机可以将车辆抬高以便技术员能在车下以舒适的姿势工作，是用于汽车维修行业的汽车保修机械，其产品性质、质量好坏直接影响维修人员的人身安全。举升机在汽车维修养护中发挥着至关重要的作用，无论整车大修，还是小修保养，都离不开它。在规模各异的维修养护企业中，无论是维修多种车型的综合类修理厂，还是经营范围单一的街边店（如轮胎店），几乎都配备有举升机。

举升机按其功能和形状划分，一般可分为两柱（图2-50）、四柱（图2-51）、剪式（图2-52）三大类。按照功能可分为四轮定位式和平板式，按照占用的空间不同可分为地上式和地藏式。剪式举升机和两柱及四柱举升机相比，最大的好处是不占用空间，方便使用，不足之处则是补油平衡要求很严格，而且需配备控制箱，造价较贵。

图 2-50 两柱举升机

图 2-51 四柱举升机

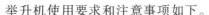

1）举升车辆前准备。使用时把车辆置于举升机中心，把板和臂固定到修理手册所标示的位置上。调整支架直到车辆保持水平为止，始终要锁住臂，将板提升附件位置对准车辆被支承部位，切勿让板提升附件伸出板外。

2）车辆上下升降。在抬升和降下举升机前应先进行安全检查，并向其他人发出举升机即将起动的信号。一旦轮胎稍离地，应立即检查车辆支承是否合适。

图 2-52　剪式举升机

举升机使用要求和注意事项如下。

① 将所有的行李从车上搬出并提升空车。

② 检查除支承部件外，是否有其他部件在现场。

③ 切勿提升超过举升机提升极限的车辆。

④ 带有空气悬架的车辆因其结构关系需要特别处理，请参考维修手册说明。

⑤ 在提升车辆时切勿移动车辆。

⑥ 在拆除和更换大部件时应小心，因为汽车重心可能改变。

⑦ 切勿将车门打开再提升车辆。

⑧ 如果在一段时间内未完成作业，则应把车放低一些。

四、气缸压力表

1. 作用

气缸压力表是专门用于检查气缸内气体压缩压力大小的仪器，如图 2-53 所示。

2. 使用方法

① 起动发动机并运转到正常工作温度，熄火并等发动机停止运转后，卸下全部火花塞。

② 使节气门全开，将压力表的连接头压紧在火花塞孔上。

③ 用起动机带动发动机以 100~150r/min 转速转动 3~5s。此时仪表上的指针会逐渐上升，到某一数值即会停止，此时的指示值就是气缸的压缩压力。

④ 按一下按钮，使指针归零。

⑤ 按以上步骤，重复测量两三次，以提高测量精度。

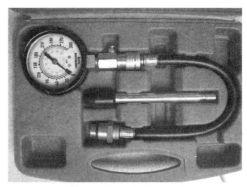

图 2-53　气缸压力表

⑥ 一般轿车气缸压力大于 0.9MPa，且 $\Delta<8\%$（各缸压力差，汽油机不超过各缸平均压力的 8%）。

如测定值小于规定值，而进气系统正常，可说明气缸与活塞、缸盖存在泄漏，可能的原因为气缸、活塞、气门、活塞环出现磨损、烧蚀等不良情况。如测定值大于规定值，而进、

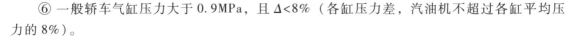

排气系统正常，可能的原因为燃烧室严重积炭。

五、燃油压力表

1. 用途

燃油压力表用于检测燃油供给系统的压力，如图 2-54 所示。

2. 使用方法

将燃油压力表（以下简称油压表）用三通接头接在燃油压力调节器和喷油器之间的管路上进行测量。由测得值可容易判断电动汽油泵、油压调节器等燃油供给系统元件的工作情况。

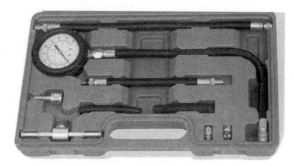

图 2-54　燃油压力表

1）安装油压表。安装油压表时，先将燃油供给系统卸压，起动发动机，拔下电动汽油泵继电器或电源插头。待发动机熄火后，再起动发动机两三次，即可释放燃油压力。关闭点火开关，装上电动汽油泵继电器或电源插头，拆下蓄电池负极搭铁线。将量程为 1MPa 左右的油压表和三通接头一起安装在燃油泵的出油管接头上。

2）燃油供给系统初始油压的测量。用一根导线将电动汽油泵的两个检测插孔短接，接通点火开关，若电动汽油泵进行 5s 自动泵油，说明 ECU 做了初始化运作，电源到 ECU 的电路及 ECU 控制油泵的电路正常，油泵工作良好，否则，应该检查 ECU 到油泵的电路、主继电器及油泵继电器等处工作是否正常。

电动汽油泵进行 5s 自动泵油后，观察油压表上的燃油压力，初始油压正常值为 300kPa 左右，若油压表指针在 300kPa 左右摆动，说明油压调节器工作正常。测量初始油压结束 5min 后，观察油压表指示的燃油供给系统保持压力，应不低于 147kPa。若油压过高，应检查油压调节器工作是否正常；若油压过低，应检查电动汽油泵保持压力、油压调节器保持压力及喷油器有无泄漏。

3）发动机工作时燃油压力的测量。起动发动机，怠速运转，观察油压表指示的燃油供给系统压力，应不低于 250kPa。否则，检查真空表是否泄漏或插错，踩下加速踏板，在节气门全开时观察油压表指示的加速油压，应不低于 300kPa。否则，检查真空管是否泄漏或插错。

4）拔下油压调节器真空管后的燃油压力测量。拔下油压调节器上的真空软管，用手堵住，让发动机怠速运转，观察油压表指示的油压，应该和节气门全开时的燃油压力基本相同。

5）燃油供给系统最大压力的测量。拔下油压调节器上的真空软管，用手堵住，让发动机运转，观察油压表指示的最大燃油压力。此时油压上升为工作油压的 2~3 倍，即 490~640kPa；否则，应检查油泵是否堵塞或磨损，油路是否有泄漏。

6）燃油供给系统残余油压的测量。熄灭发动机，此时观察油压表，燃油供给系统的残余油压应不低于 147kPa 且稳定 30min 不下降；否则，系统漏油，应做进一步检查。

六、真空压力表

1. 用途

测定运转中发动机进气歧管中的真空度，由指针的摆动状态能够判断发动机的运转状态是否正常，如图 2-55 所示。

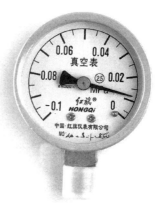

2. 使用方法

① 起动发动机并运转到正常工作温度，使发动机保持稳定运转。

② 使用合适的接头将真空压力表装在指定的位置即可测定。

图 2-55　真空表

③ 使用真空压力表测定时，为了避免指针急速承受压力而影响测定精度，最好按照规定方法装设，开始时系紧橡胶导管，然后再逐渐松开使指针缓缓摆动。

息速时，表针应稳定在 64~71kPa 之间。波动范围：六缸发动机不超过±1.6kPa；四缸发动机不超过±2.5kPa。迅速开闭节气门，表针应在 6.7~84.6kPa 之间灵敏摆动；否则，发动机密封性能，发动机点火正时、配气正时和电火花或发动机排气系统可能存在异常情况。

七、轮胎气压表

轮胎气压表是专门用于测量轮胎气压的专用量具，如图 2-56 所示。测量胎压应该在轮胎冷却时进行，这样才能确保测量的精度。一般指针式胎压表只要对着轮胎阀门安上表头气嘴，就可以显示出轮胎气压，注意安装时要快速紧压以确保密封，少漏气。然后可以根据测量值调节轮胎气压，使之符合生产商的规定。汽车轮胎的最佳工作压力需以汽

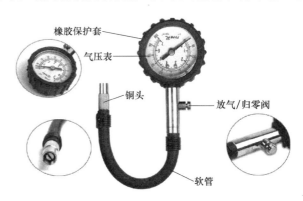

图 2-56　轮胎气压表

车厂家给出的数据为准，一般在车门框后下侧。测量完毕后，应仔细检查轮胎气门芯是否有漏气，若有漏气，应予排除。

八、高温高压清洗机

近年来，随着我国汽车保有量的不断提高，汽车美容业飞速发展。作为汽车美容主要项目的汽车清洗，对清洗设备提出了越来越高的要求。车辆外部清洗可用高压冷水清洗机，而油污较多的发动机等部位用高温高压清洗机清洗效果较好。高温高压清洗机以进口设备为主，其出水压力高，温度高，清洗效果好，但结构复杂，做工精密。为减少设备故障率，延长使用寿命，必须正确使用以及保养维护。

高温高压清洗机如图 2-57 所示，其出水最高压力达 20MPa，最高温度达 140℃。为实现出水的高温高压，清洗机首先将自来水（进水压力不小于 0.2MPa）利用四级电动机或两级

电动机带动的柱塞泵经三级加压至高压后，再经过燃油（柴油）加热器加热，最后由高压喷枪喷出。

图 2-57　高温高压清洗机

第三章 Chapter 3
汽车发动机的维护保养

第一节　发动机进气系统的维护保养

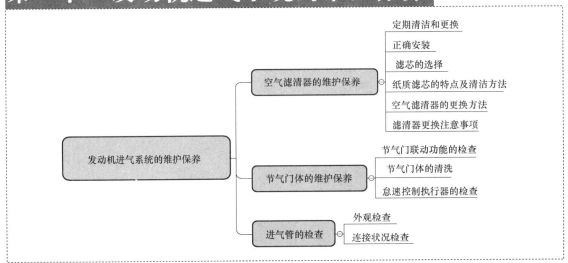

```
                                    ┌── 定期清洁和更换
                                    ├── 正确安装
                                    ├── 滤芯的选择
                    空气滤清器的维护保养├── 纸质滤芯的特点及清洁方法
                                    ├── 空气滤清器的更换方法
                                    └── 滤清器更换注意事项

发动机进气系统的维护保养                ┌── 节气门联动功能的检查
                    节气门体的维护保养 ├── 节气门体的清洗
                                    └── 怠速控制执行器的检查

                    进气管的检查      ┌── 外观检查
                                    └── 连接状况检查
```

一、空气滤清器的维护保养

空气滤清器是对空气进行净化的装置，它由壳体和滤芯组成。滤芯布置在壳体内，如图 3-1 所示。如果滤芯阻塞严重，将导致进气阻力增加，发动机功率下降，同时进气阻力增加还会增加吸进的汽油量，导致混合比过浓，从而使发动机运转状态变坏，增加燃料消耗，也容易产生积炭。

现代汽车多采用纸质空气滤清器（图 3-2）。纸质滤芯滤清效率高，灰尘的透过率仅有 0.1% ~ 0.4%。使用纸质空气滤清器能减轻气缸和活塞的磨损，延长发动机使用寿命。空气滤清器在使用 4000 ~ 8000km 时应进行除尘，通常在使用 10000 ~ 25000km 时应更换滤芯和密封圈。滤清器在维护时应注意以下几点。

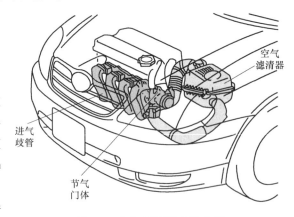

图 3-1　空气滤清器安装位置

1. 定期清洁和更换

在使用中应按汽车维护规定经常清洁空气滤清器集尘室和滤芯，以免滤芯上粘附灰尘过多而增大进气阻力，降低发动机功率，增加耗油量。按厂家规定的更换周期更换滤芯，如滤芯破损应及时更换，一般 5000km 应清洁一次滤芯，20000km 应更换滤芯。

2. 正确安装

检查维护时，滤芯上的密封垫必须确实安装在原位，以防止空气不经滤清器进入气缸。橡胶密封垫圈易脱落、老化变形，空气易从密封垫缝隙流过，把大量灰尘带进气缸，如密封垫老化变形、断裂，应更换新品。纸滤芯抗压能力低，不能装得过紧，否则易把纸滤芯压坏，影响滤清效果。空气滤清器的正确安装如图 3-3 所示。

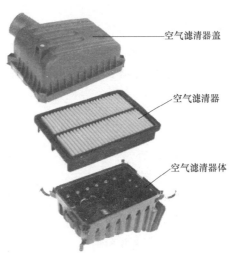

空气滤清器盖

空气滤清器

空气滤清器体

图 3-2　空气滤清器总成分解图

3. 滤芯的选择

一般可从外包装和外观上识别优质滤芯（图 3-4）与劣质滤芯，也可在安装后检验。如装上新滤芯后，汽车排放的一氧化碳超标，不装滤芯时排放的一氧化碳达标，表示该滤芯透气性差，是不合格的滤芯。

图 3-3　空气滤清器的正确安装

图 3-4　优质空气滤芯

4. 纸质滤芯的特点及清洁方法

纸质滤芯采用微孔滤纸，表面经过树脂处理，在发动机工作时，滤芯周围会粘附着一层灰尘，清洁时不能用水或油，以防止油水浸染滤芯。常用的清洁方法有两种：一是轻拍法，即将滤芯从壳中取出，轻轻拍打纸滤芯端面，使灰尘脱落。但不得敲打滤芯外表面，防止损坏滤纸，降低滤清效果。二是吹洗法（图 3-5），即用压缩空气从滤芯内部向外吹，将灰尘吹净。但压缩空气压力应为 294～600kPa，以防损坏滤芯。

5. 空气滤清器的更换方法

1）拧下空气滤清器盖上部的固定螺栓。

2）拆下空气滤清器盖夹子。

3）用抹布擦干净空气滤清器内部。

4）更换空气滤清器。

5）安装时按拆卸的相反顺序进行。

6. 滤清器更换注意事项

1）更换空气滤清器时，应选择纯正品，使用不符合规格的空气滤清器，会使发动机内部及传感器发生故障。

2）即使发动机内部吸入少量的灰尘，也会磨损发动机并缩短它的寿命。因此，应随时检查并根据空气滤清器的状态更换。

3）检查并确认空气滤清器和空气滤清器罩垫的损坏程度，盖好空气滤清器盖，防止灰尘进入。

4）拆卸空气滤清器后驾驶车辆，发动机可能会着火。

5）检查及维修空气滤清器时，要避免空气滤清器受到冲击或进入灰尘及异物。

6）分离空气滤清器时，防止灰尘或杂物进到吸气口。

图 3-5　空气滤清器的吹洗

二、节气门体的维护保养

汽车每行驶 3 万~4 万 km 应清洗一次节气门或怠速控制阀。电喷汽油发动机使用一定的里程后在节气门（图 3-6、图 3-7）或怠速控制阀处的表面会积累很多油泥，出现怠速不稳，特别是在打开空调、前照灯时更加明显，严重的时候行驶过程中可能会出现熄火的现象。主要原因是发动机曲轴箱内的废气（含有汽油蒸气）都要经过节气门或怠速控制阀后才能进入进气歧管，然后进入气缸被燃烧掉；同时，经过空气滤清器后，空气中仍然含有少量的细微颗粒物（以尘土为主），这部分颗粒物在经过节气门或怠速控制阀时，极易和从曲轴箱进来的废气中的汽油蒸气结合，附着在节气门或怠速控制阀的表面，随着发动机工作时间的加长，积累的脏物越来越多，到一定的程度时就会直接影响怠速，导致怠速不稳，同时也会增加油耗。

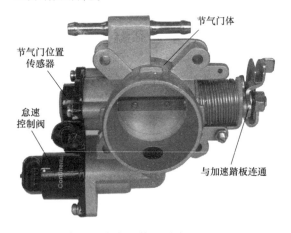

图 3-6　节气门体（带旁通气道）

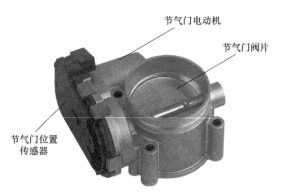

图 3-7　节气门体（节气门直动式）

　　除了出现怠速不稳时需要清洗节气门或怠速控制阀外，未出现故障前也可以同正常维护一样，采取定期清洗。如果所在的使用环境比较恶劣，尘土较多，建议每20000km清洗一次；使用环境比较清洁的地区，可以每30000~40000km清洗一次。

1. 节气门联动功能的检查

1）进入驾驶室，在发动机熄火状态下踩加速踏板，观察节气门体是否正常动作。

2）检查节气门接线是否正常连接。

2. 节气门体的清洗

节气门体的清洗步骤如下：

1）将发动机暖机后熄火。拆卸节气门体（图3-8），检查节气门体表面有无损伤。

图3-8　节气门体的拆卸

2）堵住节气门体旁通道的进气侧，不要让清洗剂进入旁通道内。

3）把节气门体浸泡在清洗剂内5min。

4）起动发动机使发动机怠速状态下运转1min。

5）拆卸空气旁通道口，安装空气管。

6）拆开蓄电池负极搭铁线10s后连接。

3. 怠速控制执行器的检查

利用解码仪检查怠速控制执行器是否处于正常的工作范围，当发现怠速控制执行器工作情况不良时，需拆卸检查清洗，清洗步骤如下：

1）首先，关闭点火开关，分离怠速控制执行器的线束接口，如图3-9所示。

2）从进气歧管拆卸怠速控制执行器。

3）向怠速控制执行器的进气口喷两三次清洁剂，注意在怠速控制执行器直立状态下喷清洗剂，如图3-10所示。

4）重新连接怠速控制执行器接口。

5）打开点火开关过2~3s后再关闭，然后重新分离怠速控制执行器接口。

6）重复操作3次3）到5）步骤的内容。

图3-9　怠速控制执行器

7）吹气后，用干净的抹布擦拭怠速控制执行器的进气口和出气口。

8）重新安装怠速控制执行器，注意更换新的密封垫片，如图 3-11 所示。

9）连接怠速控制执行器接口。

10）打开点火开关（IG ON），用解码仪调出故障码（DTC）并消除。

11）起动发动机，在怠速状态下确认发动机工作正常。

 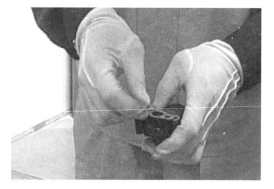

图 3-10　怠速控制执行器清洗　　　　　　　　图 3-11　更换密封垫片

三、进气管的检查

进气管用于连接节气门体与空气滤清器。当进气管出现破损或连接松动时，将出现漏气现象，导致发动机不能正常工作。

1. 外观检查

检查进气管是否存在破损和变形。

2. 连接状况检查

① 检查进气管连接卡箍是否松动，如图 3-12、图 3-13 所示。

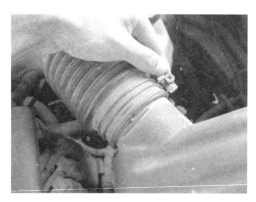 

图 3-12　进气管与空气滤清器的连接卡箍　　　　图 3-13　进气管与节气门体的连接卡箍

② 晃动进气管，检查连接是否可靠。

③ 在发动机运转状态下，检查连接处是否存在漏气现象。

第二节 发动机排气系统的维护保养

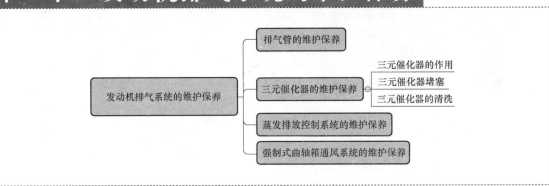

一、排气管的维护保养

应定期清除排气管（图 3-14）内部的积炭和胶质。清除方法为先用钢丝刷或钝口刮刀刮除，再用压缩空气吹干净。排气管如有裂纹、缺口应焊修。检查排气管与气缸盖接合表面的变形情况，平面度误差不得超过 0.10mm，否则应予修磨。

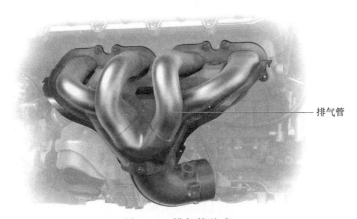

图 3-14 排气管总成

排气管拆装与检修要点如下：

1）拆卸排气歧管防护罩（图 3-15）。当排气系统还热的时候不能与之接触，以免烫伤，排气系统的任何维护工作都要在其冷却后进行。

2）拆卸排气歧管（图 3-16a）。

3）拆卸排气歧管衬垫（图 3-16b）。

4）检查排气歧管有无裂纹和损伤。用钢直尺和千分尺测量接触面平面度。平面度公差规定值为小于或等于 0.15mm；极限值为 0.30mm。

5）安装衬垫和排气歧管，拧紧螺栓力矩为 25～30N·m。

6）安装防护罩。

图 3-15 排气歧管防护罩

a)　　　　　　　　　　　　　b)

图 3-16　排气歧管及衬垫

二、三元催化器的维护保养

1. 三元催化器的作用

三元催化器的结构如图 3-17 所示，其作用（图 3-18）是把排气中对大气有害的 CO、HC、NO_x 等废气转化为对大气无害的 CO_2、H_2O、N_2 等物质，从而达到排放法规的要求。带三元催化器的车型必须注意以下事项，否则可能导致催化器损坏，引起环境污染，甚至导致排气管堵塞而无法起动。

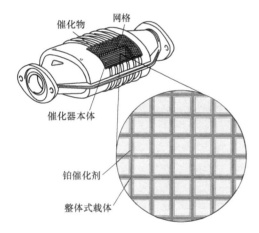

催化物　网格

催化器本体

铂催化剂

整体式载体

图 3-17　三元催化器结构

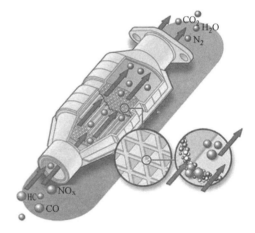

CO_2　H_2O
N_2

HC　NO_x
CO

图 3-18　三元催化器作用

1）如果使用有铅汽油，会使三元催化器失效。

2）使发动机始终保持最佳理论空燃比状态。若发动机因燃料装置、点火装置、电气装置等原因使发动机混合气过浓或过稀，则会导致三元催化器过热甚至熔结堵塞。

2. 三元催化器堵塞

三元催化器堵塞（图 3-19）是很普遍的问题，特别是道路拥堵、燃油品质较差的地区。三元催化器堵塞不仅会造成车辆油耗增加、动力下降、尾气超标，更严重的是能让排气管烧

图 3-19　堵塞的三元催化器

红，造成车辆自燃。

三元催化器堵塞的内在因素有：

1）三元催化器载体上的贵金属催化剂对硫、磷、一氧化碳、未完全燃烧物、铅、锰等分子有强烈吸附作用，很容易形成成分复杂的化学络合物。

2）贵金属催化剂强烈的氧化催化作用，使吸附的不完全燃烧物更容易氧化、缩聚、聚合形成胶质积炭，造成三元催化器堵塞。

三元催化器堵塞的外在因素有：

1）燃油。含硫量高的燃油容易形成化学反应造成堵塞，使用含铅或含锰抗爆剂、油质差、胶质多的汽油容易堵塞三元催化器。

2）机油。长期使用含硫、磷抗氧化剂的机油容易造成三元催化器堵塞。

3）道路。汽车在加速、减速状况下产生不完全燃烧物最多，长期在拥堵道路上行驶容易造成三元催化器堵塞。

4）喷油器、进气道免拆清洗养护。清洗过程中冲洗下来大量的胶质、积炭造成三元催化器堵塞，这也是车辆进行喷油器、进气道免拆清洗养护后油耗增加的原因。

5）带涡轮增压器的车辆容易发生三元催化器堵塞，这主要是由于驾驶人不正确操作造成的。

三元催化器堵塞是逐步形成的，一般分为三个阶段。

第一阶段为轻微堵塞阶段。此阶段化学反应产物吸附在催化剂表面上，表现为催化功能降低、尾气排放超标。

第二阶段为中度堵塞阶段。此阶段化学反应产物已在催化剂表面积累到一定程度，因此，此阶段排气背压升高、油耗增加、动力下降。

第三阶段为严重堵塞阶段。由于此阶段堵塞严重，三元催化器工作温度升高，在三元催化器前端形成高温熔结堵塞。高温熔结堵塞又分两种：一种为金属熔结堵塞，另一种为积炭烧结焦堵塞。它是由燃油中使用含铅、含锰抗爆剂造成的。此阶段表现为动力严重下降、频繁熄火，严重时排气管烧红，甚至引发车辆自燃。

3. 三元催化器的清洗

如果催化器中毒或内部堵塞，需清洗或更换新件，安装完毕还需起动检查排气系统管路是否存在泄漏（特别注意检查三元催化器进气口处是否泄漏）。

过去由于没有预防三元催化器失效和重新恢复三元催化器的养护产品和方法，修理厂对于三元催化器只能任由其中毒失效，而失效的三元催化器也只能采取更换的办法，这就增加了车主负担。

"催化剂常规清洗养护"能将喷油器积炭、进气系统沉积物、催化剂表面化学络合物同时清除掉。养护后能重新激活催化剂催化功能，大幅降低汽车尾气排放，恢复汽车原有动力，对于预防催化剂失效和重新恢复催化剂活性提供了有效方法。三元催化器清洗后的状态如图 3-20 所示。

图 3-20　清洗后的三元催化器

三、蒸发排放控制系统的维护保养

如图 3-21 所示，汽车的排气污染物主要来自从排气管排出的废气、燃油蒸发以及窜缸混合气。蒸发排放控制系统可防止储存在燃油箱内的燃油蒸发生成燃油蒸气进入到大气中。燃油箱内的燃油蒸发时，燃油蒸气穿过通风软管或管路进入活性炭罐内，活性炭罐暂时把燃油蒸气保存在木炭内。一定工况下，ECM 利用进气歧管内的真空把收集的燃油蒸气吸入燃烧室。清除控制电磁阀（PCSV）安装在连接活性炭罐的通道和进气歧管之间。此电磁阀为占空比式电磁阀，由 ECM/PCM 信号控制。为把活性炭罐吸收的燃油蒸气吸入进气歧管，ECM/PCM 控制 PCSV 打开，否则，通道保持闭合。其控制原理如图 3-22 所示。

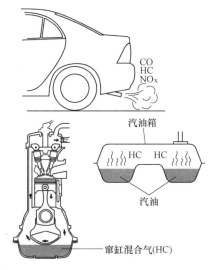

图 3-21　汽车污染物的排放来源

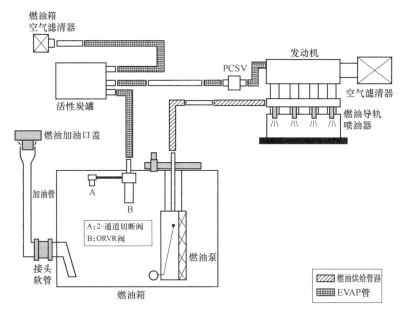

图 3-22　蒸发排放控制原理

四、强制式曲轴箱通风系统的维护保养

定期检查曲轴箱通风装置的连接软管是否老化或产生裂纹，如有，应在紧固连接处更换软管。在曲轴箱通风的管路上装有单向阀，也就是通常说的 PCV 阀，如图 3-23 所示。它在更新曲轴箱内气体和降低机油消耗量方面有重要作用。二级维护时要使用煤油彻底清洗 PCV 阀及油气分离器或更换滤芯，确保发动机通风顺畅，工作正常。

1）从强制式曲轴箱通风阀上拆下通气软管。发动机 PCV 阀的位置如图 3-24 所示。

2）从摇臂盖上拆下曲轴箱通风阀。

3）重新将曲轴箱通风阀与拆下的通气软管连接。

4）起动发动机，怠速运转。

5）将手指压在曲轴箱通风阀开口，感觉并确认进气歧管是否达到真空度（手指是否受到吸引作用）。

6）如果未感觉到真空度，则清洁或更换曲轴箱通风阀。

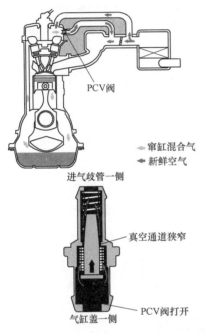

图 3-23　曲轴箱强制通风阀（PCV）的结构

图 3-24　曲轴箱强制通风管路

第三节　发动机点火系统的维护保养

发动机点火系统的维护保养
- 分电器的维护保养
- 高压线的维护保养
- 点火线圈的维护保养
- 火花塞的检查
  - 整体检查
  - 电极检查
  - 火花试验
- 点火正时的检查与调整
  - 点火正时的检查
  - 点火正时的调整

　　点火系统的功用是保证在各种工况和使用条件下，可靠、准确地点燃气缸中的可燃混合气。早期汽车上使用的传统点火系统，主要由点火线圈、分电器、火花塞、点火开关等组成，如图 3-25 所示。

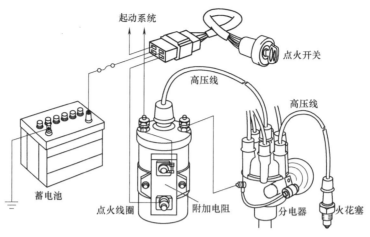

图 3-25　传统点火系统的组成

一、分电器的维护保养

分电器盖、分火头应保持清洁干燥，否则可用汽油将其表面污物清除干净，待汽油挥发后即可装复使用。如果发现其高压接触面堆积大量氧化物，可用细砂纸将其打磨清除，当发现其外壳有龟裂现象时必须更换新件。分电器各部件组成如图 3-26 所示。现在采用微机控制点火系统的车型有的已经取消了分电器，采用微机进行配电。

二、高压线的维护保养

从火花塞上脱开高压线时应捏住橡胶护套，小心地从火花塞上拆下高压线，目视检查高压线是否有龟裂、损伤、接点氧化等情况，如图 3-27 所示，如有则需更换所有高压线。注意不要抽拉或折弯高压线，以避免损坏内部的导线。用绝缘电阻表（欧姆表）测量高压线电阻（图 3-28），若电阻值超过规定值，则更换。

图 3-26　分电器各部件的结构

三、点火线圈的维护保养

点火线圈的外形如图 3-29、图 3-30、图 3-31 所示。点火线圈组件提高蓄电池电压（12V）以产生点火所必需的超过 10kV 的高电压。初级点火线圈和次级点火线圈靠得很近。当在初级点火线圈上间断地施加电流时，就产生互感现象。可以利用这个机理，在次级点火线圈内产生高电压。点火线圈能产生高电压，此高电压随线圈绕组的个数和尺寸而变。

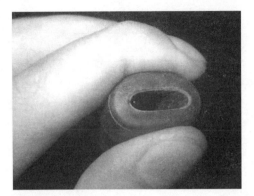

图 3-27　检查高压线

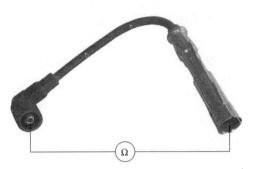

图 3-28　高压线绝缘电阻的测量

图 3-29　点火线圈

图 3-30　雪佛兰 Spark 点火线圈

（1）初级点火线圈的电阻值检测　测量初级点火线圈的电阻值，若电阻值超过规定则更换，如图 3-32 所示。

（2）次级点火线圈的电阻值检测　测量次级点火线圈的电阻值，若电阻值超过规定则更换，如图 3-33 所示。

图 3-31　福特点火线圈

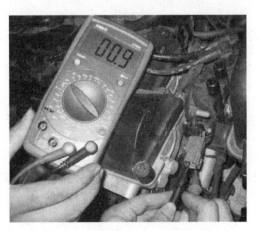

图 3-32　测量初级点火线圈电阻

四、火花塞的检查

1. 整体检查

1）用压缩空气除去火花塞周围气缸盖上的灰尘（图 3-34）。

2）如图 3-35 所示，断开火花塞上的高压线，注意只能用力拉火花塞盖。

3）如图 3-36 所示，使用火花塞套筒，拆卸火花塞。

注意：

① 拆装火花塞时，要等到发动机温度下降后再进行。

② 小心不要让杂质进入火花塞孔。

4）安装新火花塞。

图 3-33　测量次级点火线圈电阻

图 3-34　擦去火花塞上的灰尘

图 3-35　断开火花塞上的高压线

图 3-36　拆卸火花塞

2. 电极检查

如图 3-37 所示，当火花塞存在裂纹、电极脏污、间隙磨损或过大时，就不会产生电火花。当火花塞间隙过小时，可能发生熄弧效应，此时即使产生火花也不能引燃燃料。

3. 火花试验

1）断开全部喷油器接头，使其不能喷射燃料。

2）拆下带点火器的点火线圈和火花塞。

3）重新将火花塞装入点火线圈内。

4）如图 3-38 所示，将接头和其连接，将火花塞搭铁。在此状态下转动曲轴，检查火花塞是否产生火花。这个试验可查明哪个气缸不产生火花。

注意：火花试验时，转动曲轴不得超过 5~10s。

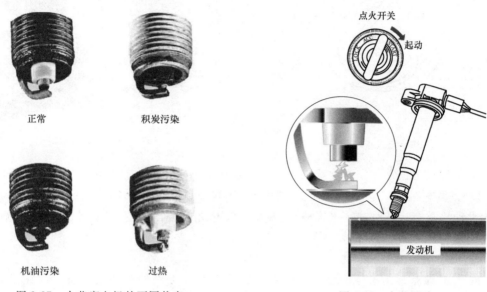

图 3-37　火花塞电极的不同状态　　　　　　图 3-38　火花试验

五、点火正时的检查与调整

为保证气缸中的混合气在正确的时间被点燃，在安装分电器时，要靠人工确定和调整初始点火提前角。点火正时是否正确对发动机的性能影响很大，点火时间过早会造成发动机的爆燃，使发动机局部过热，燃料消耗增加，功率下降；点火时间过晚会使发动机燃烧所产生的最大压力下降，功率降低，经济性下降。因此，在发动机的使用与维修中，要确保有分电器点火系统点火正时的准确。

1. 点火正时的检查

（1）就车检查点火正时　就车判断点火正时时，应使发动机处于正常工作温度（70~80℃）下怠速运转，当突然加速时，如果发动机速度急速提高并伴有短促而轻微的突爆声（轻微爆燃），而后很快消失则为点火正时正常；如果发动机转速不能随节气门开大而增大，发动机发闷且排气管出现"突突"声，则为点火过迟；如果发动机出现严重的金属敲击声，即爆燃（敲缸），则为点火过早。点火过早或过迟的一般调整方法是：松开分电器壳体固定螺栓，将分电器轴按顺时针或逆时针方向转动少许，直至调好点火正时。

（2）使用点火正时灯检查点火正时　如图 3-39 所示，查找并验证飞轮或曲轴前端带盘上 1 缸压缩终了上止点标记和点火提前角标记，擦拭使之清晰可见，如标记不清晰，最好用粉笔或油漆将标记描白。

将点火正时灯（图 3-40）正确连接到汽车发动机上，将传感器夹夹在 1 缸高压线上，且箭头方向指向火花塞，红、黑蓄电池夹分别与蓄电池正、负极连接。

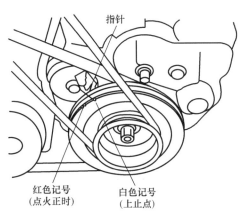

指针

红色记号
（点火正时）

白色记号
（上止点）

图 3-39　点火正时记号

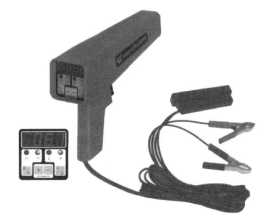

图 3-40　点火正时灯

起动发动机至正常工作温度状态，保持在怠速下稳定运转。打开正时灯并对准正时标记（图 3-39），调整正时灯电位器，使正时标记清晰可见，就如同固定不动一样。此时表头读数即为发动机怠速运转时的点火提前角。用同样的方法分别测出不同工况、转速时的点火提前角并记录。

2. 点火正时的调整

（1）**静态调整**　为了保证发动机气缸中的混合气在正确的时间被点燃，在往发动机上安装分电器总成时，要靠人工调整起始的点火提前角，这一工作通常被称为"点火正时"。点火正时就是点火系统的高压电火花准时点着发动机气缸内的混合气。点火正时调整是在将分电器安装到发动机上时，通过调整和校正点火时机，使点火系统的高压电火花能准时点着气缸内的混合气。

点火正时均以第 1 缸为基准。一般操作步骤如下：

1）检查断电器触点间隙，并将触点间隙调至规定范围（一般为 0.35~0.45mm）。

2）找出第 1 缸压缩行程上止点的位置。方法是先拆下第 1 缸的火花塞，用大拇指（或棉纱团）堵住火花塞孔，摇转曲轴，当感到有较大的气体压力从手指下冲上来或棉纱团被冲出时缓慢转动曲轴，同时察看飞轮与离合器壳或曲轴带轮与正时齿轮盖上的正时标记。对于初始点火提前角为零的发动机，使正时标记对齐。对于初始点火提前角不为零的发动机（如东风 EQ1090 型汽车），为了便于下一步确定点火时刻，应使飞轮上初始点火提前角相对应的点火正时标记，即点火线与离合器壳上第 1 缸上止点正时标记对齐。如解放 CA1091 型汽车是使飞轮罩壳上的刻度与飞轮上的正时符号 $\left(\dfrac{上止点}{1-6}\right)$ 对准，东风 EQ1090 型汽车是使飞轮上的钢球与检查孔上的刻度线对准，跃进 NJ130 和北京 BJ2020 是使正时齿轮盖上的指针与曲轴前端带轮上的正时符号对准。

3）确定断电器触点刚打开时的位置。旋松分电器壳体夹板固定螺钉（东风 EQ1090 型汽车则为松开压板的紧固螺栓），拔出中央高压线，使其端头离开缸体 3~4mm 处。接通点火开关，然后将分电器壳体顺正常旋转方向转动，使触点闭合。再反向转动壳体至中央高压线端头与缸体之间跳火，也即触点是处于刚打开位置。

4）按点火顺序接好高压线。第 1 缸的高压线应插在正对分火头的旁电极的插座内，然后顺着分火头的旋转方向，按点火次序接好通往其他各缸火花塞的高压线。一般六缸发动机的点火次序为 1→5→3→6→2→4，四缸发动机为 1→2→4→3（如北京 BJ2020，且为逆时针旋转）或 1→3→4→2。红旗轿车 V 形八缸发动机的点火次序为 1→8→4→3→6→5→7→2（气缸次序是自车前向后，左面为 1、3、5、7，右面为 2、4、6、8），但也有不同，应以制造厂的说明为准。

5）起动发动机，检查点火正时。起动发动机，使冷却液温度上升到 70~80℃，在发动机急速旋转时突然加速。如转速不能随节气门的打开而立即增高，感到"发闷"，或在排气管中有突突声，则为点火过迟，如发动机内出现金属敲击声，则为点火过早。点火过早时，应顺着分电器轴旋转方向转动壳体；过迟时，则反向转动分电器壳体。

6）汽车在行驶中进行检查。将发动机走热至 70~80℃，在平坦的道路上以直接档行驶，突然将加速踏板踏到底，如在车速急增时能听到微弱的敲击声，且很快消失，表示点火时间正确；如听到有明显的金属敲击声，说明点火过早；如加速时感到发闷，且无敲击声，说明点火过迟，应停车，转动分电器壳体进行调整，经反复试验，直到合适为止。

（2）动态调整 发动机运转过程中旋松分电器固定螺钉，点火过早时，顺着分电器轴旋转方向转动分电器壳体；点火过迟时，则反向转动分电器壳体。

第四节 发动机润滑系统的维护保养

```
发动机润滑系统的维护保养
├─ 润滑系统的组成及作用
├─ 润滑油的分类和选用
│   ├─ 润滑油分类
│   ├─ 润滑油的选用
│   └─ 机油的更换周期
├─ 发动机润滑油的检查
│   ├─ 润滑油液位的检查
│   └─ 润滑油质量的检查
├─ 发动机润滑油的排放
│   ├─ 预热发动机
│   ├─ 举升汽车
│   ├─ 排放润滑油
│   └─ 更换密封垫
├─ 机油滤清器的更换
└─ 发动机润滑油的加注
```

一、润滑系统的组成及作用

发动机润滑系统主要由油底壳、机油泵（图 3-41）、机油集滤器、机油滤清器（图 3-42）、安全阀、油管、气缸体润滑油道以及机油压力表和感应塞等组成，润滑油的流动路线如图 3-43、图 3-44 所示。

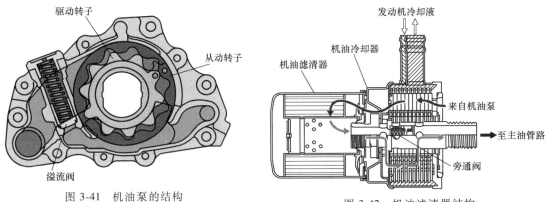

图 3-41　机油泵的结构　　　　　　　　图 3-42　机油滤清器结构

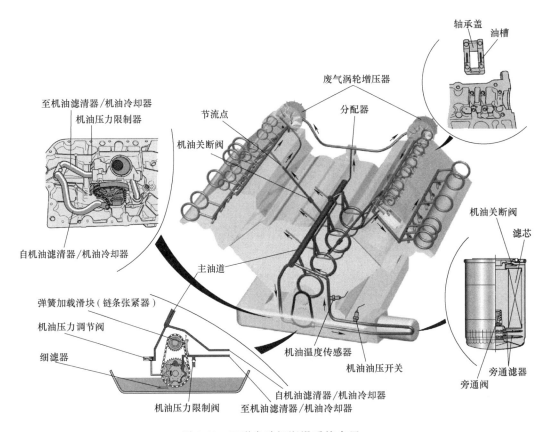

图 3-43　V形发动机润滑系统布置

　　发动机润滑系统的功能是将机油不断地输送到各运动零件的摩擦表面，以实现以下功用：

　　1）减摩。润滑系将机油不断地输送到各零件的摩擦表面，减轻零件的摩擦和磨损。

　　2）冷却。循环流动的机油不断地从受热的零件表面吸收热量，并将热量通过机油散热装置或冷却液散发到外界空气中，使摩擦零件表面的温度不致太高。

　　3）清洁。利用机油的循环流动清洗零件工作表面，带走由于零件磨损造成的金属细末

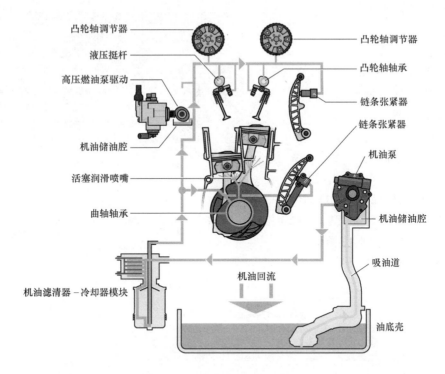

图 3-44　润滑系统工作示意图

和其他杂质，使之不留在摩擦副造成磨料磨损。

4）密封。利用机油的黏度，使机油充满各运动零件之间的间隙，提高零件的密封效果，减少漏气。

5）防锈。机油附着于零件表面，能防止零件表面与水分、空气及燃气直接接触而发生氧化和腐蚀。

二、润滑油的分类和选用

1. 润滑油分类

发动机润滑油也叫机油，可按品质、黏度和基础油等进行分类。

1）按机油的品质分类。目前国际上的机油品质评定是采用美国石油协会（API）的标准。它根据机油的性能及其最适合的使用场合，把机油分为 S 系列和 C 系列两类。S 系列为汽油机油，目前有 SA、SB、SC、SD、SE、SF、SG、SH、SJ、SL、SM 等级别。C 系列为柴油机油，目前有 CA、CB、CC、CD、CE、CF、CG 等级别。级号越靠后，使用性能越好。

2）按机油的黏度分类。机油的黏度多使用国际标准化组织（ISO）认可的美国汽车工程师协会（SAE）等级标准。SAE 按照机油的黏度等级，把机油分为冬季机油和夏季机油。冬季机油用字母 W 表示，共有 6 种牌号：SAE0W、SAE5W、SAE10W、SAE15W、SAE20W 和 SAE25W。字母 W 之前的数字表示该级机油适用的最低温度，数字越小，温度越低。如 SAE0W 适应的最低温度是−35℃，SAE5W 适应的最低温度是−30℃，依此类推。非冬季机油有 5 种牌号：SAE20、SAE30、SAE40、SAE50 和 SAE60。这些牌号的数字表示机油适用的最高温度。号数较大的机油黏度较大，适于在较高的环境温度下使用。上述牌号的机油只有单一的黏度等级，称为单级机油。使用这种机油时，应根据冬夏季节和气温的变化更换机油，如图3-45所示。

目前使用的机油大多数为多级机油，这种机油内含多种添加剂，使机油在低温环境下易于流动、不凝结，在高温环境下保持黏度、不分解。其牌号有SAE5W-20、SAE10W-30、SAE15W-40、SAE20W-50等。例如，SAE10W-30在低温下使用时，其黏度与SAE10W一样，而在高温下，其黏度又与SAE30相同。因此，多级机油可以冬夏通用。

目前常用的API等级机油，如图3-46所示。

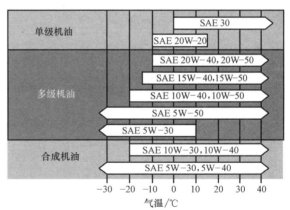

· 号数越大，机油的黏度越高，适用于较高的气温。
· 合成机油可以减小发动机运动部件的摩擦，因此能够省燃油。

图3-45 根据气温选择机油

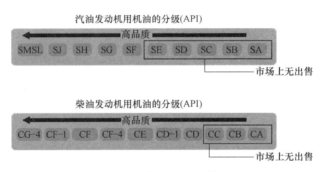

图3-46 目前常用的API等级机油

3）按机油的基础油分类。发动机机油按基础油的不同分为矿物机油和合成机油两种。矿物油的基础油是从原油中提炼的，合成油的基础油则是通过化学合成的。与矿物油相比，合成油的抗高温氧化、抗黏度变化、抗磨损能力更强，且不易氧化分解产生油泥和积炭，使用时效也更长。

4）我国的机油分类法。参照采用ISO分类方法。GB/T 28772—2012规定，按机油的性能和使用场合分为：

① 汽油机油。共有SE、SF、SG、SH、SJ、SL、SM、SN 8个级别。

② 柴油机油。分为CC、CD、CF、CF-2、CF-4、CG-4、CH-4、CI-4、CJ-4 9个级别。

2. 润滑油的选用

机油的选用考虑两个方面，一是使用级的选择，二是黏度级的选择。在选用机油的时候，要严格按照汽车使用说明书所规定的机油使用等级选用，若无相同级别的机油，可以使用高一级的机油。

机油黏度级选择的主要依据是环境温度的高低。各种多级机油的适用范围见表3-1。

3. 机油的更换周期

机油在使用过程中，由于高温氧化及燃烧物混入等原因影响，将劣化变质，润滑性能下降。因此，机油应适时更换，机油滤清器也同时更换。

机油更换周期，因车型和行驶环境而不同（表3-2）。如果汽车经常频繁起步、短距离行驶或在多尘地区使用，机油的更换周期应相应缩短。

表3-1 机油的选择

SAE 黏度级别	适用气温	SAE 黏度级别	适用气温
5W/30	−30～30℃	15W/40	−20～40℃
10W/30	−25～30℃	30	−10～30℃
15W/30	−20～30℃	40	−5～40℃

表3-2 常见发动机的机油更换周期

发动机型号	机油更换周期	
	行驶里程/km	月数
卡罗拉(1.6L)轿车发动机	5000	6
凯越(1.6L)轿车发动机	10000	6
桑塔纳 2000GSi 轿车 AJR 发动机	7500	年行驶里程不到 7500km，至少更换一次机油
五菱荣光汽车	7500	走合期(2500km)更换一次，以后每隔 7500km 更换一次

注：更换周期中的行驶里程和月数．以先达到者为准。

三、发动机润滑油的检查

1. 润滑油液位的检查

1）将汽车停放在平坦的地面上，将车轮挡块安装到位，保证汽车稳定停靠。

2）起动发动机并让发动机达到正常工作温度。

3）停止发动机并等待约 5min，使润滑油流回油底壳。

4）打开发动机舱盖，拉出机油标尺，擦干净后全部插回去。机油标尺在发动机中的位置如图 3-47 所示。

5）拔出机油标尺，检查油量。油量应在"F"与"L"之间，如图 3-48 所示。

图 3-47 发动机机油标尺的安装位置

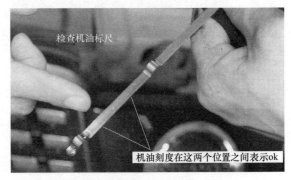

检查机油标尺

机油刻度在这两个位置之间表示ok

图 3-48 机油标尺刻度

6）如果发现油量靠近或在"L"位置，应补充润滑油，直到油量到达"F"位置，千万不能过量。

2. 润滑油质量的检查

1）检查发动机润滑油是否变质、进水、轻微变色。

2）如果质量明显不良，需要更换润滑油。

四、发动机润滑油的排放

更换发动机润滑油时，需要将汽车举升到适合操作的高度，在举升之前需要打开润滑油加注口盖。为了防止异物通过润滑油加注口进入发动机，需要用干净的布将其遮盖住，然后进行下列操作。

1. 预热发动机

1）把汽车停在平整的地面上，起动发动机，进行发动机暖机。

2）关闭发动机，拉紧驻车制动，打开汽车发动机盖和润滑油加油口盖，如图 3-49 所示。

图 3-49　打开发动机机油口盖

2. 举升汽车

1）将汽车停靠到位，放置举升托臂。

2）操纵举升机举升汽车。当车轮离开地面时停止举升，以一定的力量按动汽车前后检查车身是否稳固。

3）在车身稳定的情况下，继续操纵举升机，将汽车举升到适合操作的最高位置。

3. 排放润滑油

1）清洁地面，防止有水或油造成打滑，影响安全操作。

2）如图 3-50 所示，拆卸润滑油放油螺塞，如图 3-51 所示，将润滑油排入一个容器中。此时，需要特别注意防止热车后的润滑油将手烫伤，还需要放置好容器位置，防止漏油。

图 3-50　拆卸润滑油放油螺塞

图 3-51　将润滑油排入容器中

4. 更换密封垫

放完润滑油后，更换放油螺塞密封垫，用规定力矩拧紧。

五、机油滤清器的更换

1）用机油滤清器扳手拆卸机油滤清器，如图 3-52 所示，拧松的机油滤清器往外喷油（图 3-53）。

图 3-52 机油滤清器的拆卸

图 3-53 拧松的机油滤清器往外喷油

2）检查并清洗气缸体与机油滤清器的安装表面。

3）检查新机油滤清器部件编号是否与旧编号相同。

4）将机油滤清器加满润滑油，如图 3-54 所示，用发动机润滑油涂抹在新机油滤清器的 O 形环上。

5）用手把新的机油滤清器拧在机油滤清器支座上，直到滤清器 O 形环与安装表面接触，如图 3-55 所示。用机油滤清器扳手把滤清器再拧紧 3/4 转。为了恰当地拧紧机油滤清器，注意识别滤清器 O 形环与安装表面初始接触的精确位置。

图 3-54 在新机油滤清器的 O 形环上涂抹润滑油

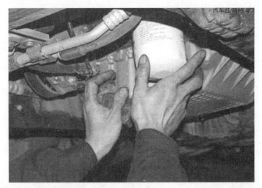

图 3-55 用手把新的机油滤清器拧在机油滤清器支座上

六、发动机润滑油的加注

1）从举升机上放下汽车。

2）如图 3-56 所示，从发动机润滑油加注口注入规定黏度的润滑油，直至油位达到润滑油标尺上的满油位标记。

提示：润滑油加注口在气缸盖罩顶部。

3）盖上润滑油加注口盖，使发动机怠速空转 5min 后停止运转，再过 3min 后拔出机油标尺，检查油位是否处在正常位置。

注意：应在润滑油油量不足时加油，油位超过最高油位标记时，需放出过量润滑油。

4）安装润滑油加注口盖（图3-57）。

5）起动发动机并检查是否漏油。

6）重新检查发动机润滑油量（图3-58）。

7）检查漏油情况。发动机润滑系统漏油情况的检查主要包括发动机各种区域的接触面、油封处和放油螺塞。

图 3-56　新机油的加注

图 3-57　安装机油加注口盖

注意：

1）检查完毕后，应对润滑油加注口及油底壳进行清洁（图3-59）。

2）加注新润滑油时，必须注意防止润滑油外漏造成传感器、执行器的损坏。

3）长时间及反复接触矿物油会导致皮肤的脱落，致使干燥和病变。另外，废发动机润滑油含有潜在的有害杂质，会引起皮肤癌。

4）为了缩短接触时间及降低润滑油与皮肤接触的频率，应穿上防护服并戴上手套，用肥皂和水彻底清洗皮肤，或使用清洁剂（图3-60）去除润滑油（禁止使用汽油、稀

图 3-58　重新检查发动机机油量

图 3-59　清洁油底壳

图 3-60　润滑系统免拆清洗

释剂或溶剂清洗）。

5）为了保护设备，只能在指定的清除位置清除废发动机润滑油和废机油滤清器。

第五节　发动机冷却系统的维护保养

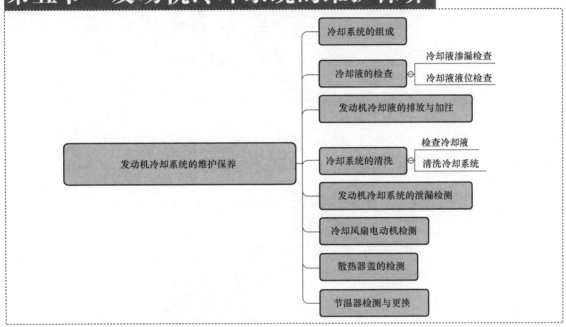

一、冷却系统的组成

汽车冷却系统由散热器、冷却液补偿装置（补偿水桶或膨胀水箱）、水泵、冷却强度调节装置（冷却风扇、风扇离合器）、节温器、冷却液温度指示装置等部件组成。汽车发动机采用的水冷却系统都是采用强制循环方式。它利用水泵将冷却液在水套和散热器之间进行循环来完成对发动机的冷却，其小循环和大循环过程如图 3-61、图 3-62 所示。水冷系统的组成如图 3-63 所示。部分高端车型采用双回路冷却系统（图 3-64）。

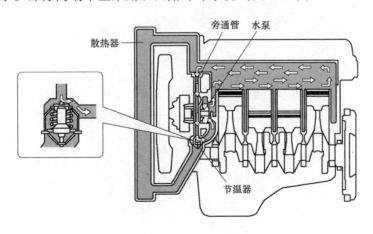

图 3-61　冷却系统小循环

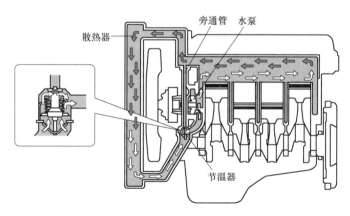

图 3-62　冷却系统大循环

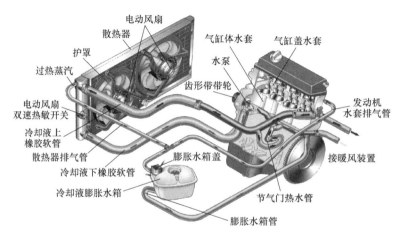

图 3-63　冷却系统的组成

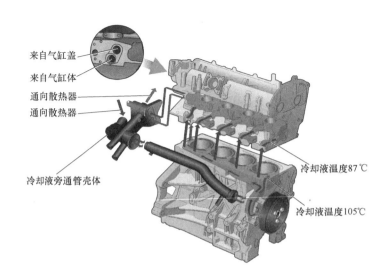

图 3-64　双回路冷却系统的双回路流动示意

二、冷却液的检查

1. 冷却液渗漏检查

如图 3-65 所示，检查冷却液是否从散热器、橡胶软管、散热器管和软管夹周围渗漏。

2. 冷却液液位检查

应经常检查冷却液，在发动机处于冷态时检查膨胀水箱中的冷却液液位，检查冷却液液位是否在"min"和"max"之间，如图 3-66 所示。当冷却液液位过低时，可以添加适量冷却液。

注意：如果想在发动机仍然发热时拆卸散热器盖，在散热器盖上放一块布并且松开 45°（以便释放压力）再拆卸散热器盖。不要立即拆卸散热器盖，否则，冷却液将会溅出。

图 3-65　冷却液渗漏部位

图 3-66　检查冷却液液位

三、发动机冷却液的排放与加注

发动机冷却液的排放与加注方法如下：

1）将车停在平地上，将冷却液放在容器内。

2）拧下散热器盖。如发动机温度过高则不要急于将散热器盖打开，以防热水烫伤。检查冷却液质量。

3）将散热器放水开关（图 3-67）拧松。如使用四季通用的冷却液，一般可使用两年无须更换。如采用乙二醇和水配成的冷却液，因为仅能在冬季使用，故冬季过后，即应完全放净，并将整个冷却系统冲洗干净。

4）将放水开关关好，向冷却系统内注满四季通用的冷却液，并按标准加至膨胀水箱上限的标记处（图 3-68），约占膨胀水箱容积的 2/3。不可加满冷却液，必须留有水蒸气膨胀的余地。

5）如图 3-69 所示，在加冷却液快满的

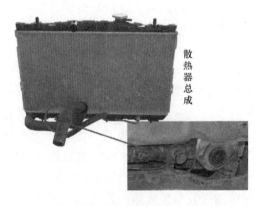

散热器总成

图 3-67　散热器放水开关位置

时候，可将发动机起动 2~3min，使冷却液循环，冷却液循环时会把冷却系统内的空气排出，并使加冷却液口冷却液液面降低，这时应按标准补足冷却液。

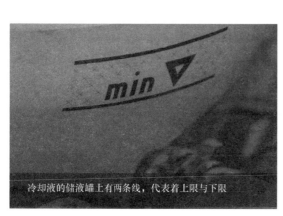

冷却液的储液罐上有两条线，代表着上限与下限

图 3-68　膨胀水箱上的液位标记

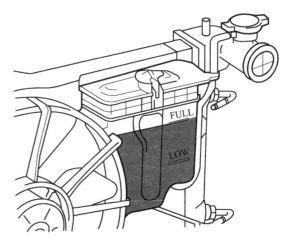

图 3-69　冷却液液位标记

当发动机很热时，冷却液的液面会大大升高。

检查冷却液的液面，应在发动机冷却的情况下进行。必要时应补充冷却液。补充冷却液时，应将冷却液慢慢地灌入散热器。

如果液面很低，而发动机温度很高时，不要补充冷却液，应等到发动机冷却后再进行。

四、冷却系统的清洗

冷却系统经过长时间的使用、加用硬水或质量不高的冷却液，会在冷却系统（散热器、缸体的水套）中产生大量的水垢、铁锈和泥沙，使冷却效率降低。因此，使用普通水的冷却系统，每 6 个月应清洗一次。其他使用冷却液的冷却系统的发动机，应在更换冷却液或大修发动机时，彻底清洗一次冷却系统。

1. 检查冷却液

在清洗冷却系统时，如果发动机是热的状态，不要直接打开散热器盖，以防热水喷出烫伤。须等到发动机冷却后，再用抹布裹着打开散热器盖，如果散热器内还有残余压力，打开时会听到排气的声音，应注意防护。

如果冷却液不足，应补充冷却液到溢出为止，尽量避免加硬水（添加硬水会产生水垢）。如果冷却液变得污浊或充满水垢，应将冷却液全部放掉，并清洗冷却系统。

2. 清洗冷却系统

（1）简单清洗　洗涤时，应放净旧冷却液，将发动机冷却系统加满清洁水（自来水），起动发动机运转 5min 后放出。放出的水若比较污浊，应重复上述步骤直至水清为止。

（2）彻底清洗　当发动机散热性能不好、发动机冷却系统水垢过多时，可使用专用清洗设备及散热器清洗剂进行清洗（图 3-70）。冷却系统洗涤步骤如下：

1）起动发动机，使其温度达到正常的工作温度后，停止发动机转动并放净冷却液，将混有清洗剂的清洗液加入到冷却系统中。起动发动机，使发动机温度达到正常工作温度并急速运转 20~30min，然后使发动机停止转动，放出清洗液。

2）5min 后将发动机内注满清洁的水，再起动发动机使其运转 10min 后放出即可。如果排出的液体较脏，应继续用清水反复清洗直到放出清水为止。

清洗冷却系统时，如果发动机温度低于正常温度（85℃），则节温器阀不能打开，清洗液只做小循环，且不在散热器和缸体水套中循环。所以，必须保持在正常温度.

在清洗冷却系统后，应再次检查散热器冷却液的情况。如果发现散热器口有气泡出现，说明冷却系统内混有空气。常见

图 3-70　采用专用设备清洗发动机冷却系统

的原因是气缸内的气体进入了冷却系统，应到维修厂排除故障。

（3）冷却液使用注意事项

1）冷却液及其添加剂均为有毒物质，切勿接触，需将其置于安全场所。

2）冷却液配制的体积分数为 40%～60%。

3）除乙二醇-水型冷却液外，其他品种放出的冷却液不宜再使用，应严格按有关法规处理废弃的冷却液。

4）凡更换缸盖、缸垫、散热器时，必须更换冷却液。

5）发动机热态时，冷却系统内仍处于高温高压状态，因此，此时切勿打开散热器盖以防烫伤。

6）发现冷却液大量损耗，则必须待发动机处于冷态时，方可添加冷却液，以免损坏发动机。

7）紧急情况下，若全部加入纯水，在低温地区则须尽快按规定添加冷却液添加剂，使冷却液混合比恢复正常状态，以防止结冰造成零件损坏。

8）冬季来临前应检查一下冷却液混合比，并按规定调配，保证冷却液具有足够的防冻能力。

五、发动机冷却系统的泄漏检测

当冷却液量不足时，发动机异常升温。所以在发动机冷却液量减少时，应按如下方法检查渗漏情况及渗漏部位。

1）起动发动机暖机至冷却液温度达到正常温度为止。

2）打开膨胀水箱盖，加冷却液至溢出加水口为止，如图 3-71 所示。

注意：

① 因为散热器内温度很高，必须缓慢地打开散热器盖，以防热水喷溅而受伤。

② 应擦干要检查部位的水迹。

③ 在卸下试验器时不得沾湿。

④ 在安装试验器或进行试验时，要格外小心，避免损伤散热器口。

3）安装压力计，冷却系统加压检漏如图 3-72 所示。

图 3-71　加注冷却液

图 3-72　冷却系统加压检漏

4）用手动泵加压至 $1.4 \times 10^5 \mathrm{Pa}$，此时如果冷却系统无渗漏，压力计指针将无变化；如果系统存在渗漏，则压力计的压力指示值将下降。也就是说各冷却装置的导管、散热器、水泵、气缸垫等处可能存在渗漏，应及时修理或必要时换成新件。

六、冷却风扇电动机检测

如图 3-73 所示，发动机冷却风扇的作用是当发动机运行时风扇旋转，给散热器送风，促进散热器冷却管路之间的通风，提高散热器的散热能力。执行维护时应将散热风扇上的污垢清理干净，查看散热器风扇叶片是否变形，并检查冷却风扇电动机是否运行正常。

七、散热器盖的检测

散热器盖能起到良好的密封作用，可以使发动机冷却系统保持一定的压力，不但可以提高发动机冷却液的沸点，还能防止冷却液蒸发流失。在维护发动机冷却系统时，要检查发动机散热器盖的密封性能。检测散热器盖时，发动机必须处于冷机状态，先拆下散热器盖，用发动机冷却液涂抹到散热器盖密封处，然后按照图 3-74 所示，安装压力测试器进行测试。测试完毕后检查橡胶密封垫是否有裂纹或者破损（图 3-75）。

八、节温器检测与更换

节温器的作用是控制发动机冷却液在发

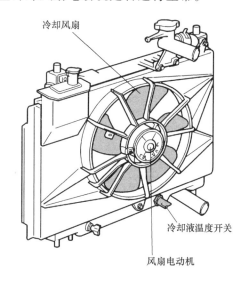

冷却风扇

冷却液温度开关

风扇电动机

图 3-73　冷却风扇电动机安装位置

动机冷却系统中的流动。节温器可以阻止发动机冷却液从发动机流向散热器，从而使发动机能快速预热并调节冷却液的温度。当发动机冷却液温度较低时，节温器保持在关闭位置，阻止发动机冷却液通过散热器循环，这时，发动机冷却液只能通过加热器芯循环，因此可以迅速、均匀地预热发动机。当发动机预热后，节温器打开，使发动机冷却液流过散热器并通过

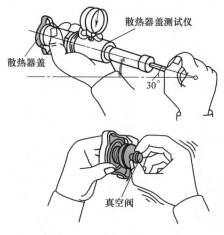

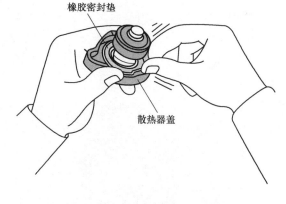

图 3-74 散热器盖的检测 　　　　　图 3-75 散热器盖密封垫的检查

散热器把热量散发。

　　节温器的开启与关闭，不但能使足够的发动机冷却液流入散热器，还能使发动机保持在正常的工作温度内。如图3-76 所示，把处于闭合状态的节温器悬挂在装有水的容器中，温度计不要接触到容器底部，加热容器，用温度计测试水温，检测节温器开始开启时的温度和全部打开时的温度。检测节温器后如果发现节温器工作不正常，应予以更换。

图 3-76 节温器的检测

第六节　发动机燃油喷射系统的维护保养

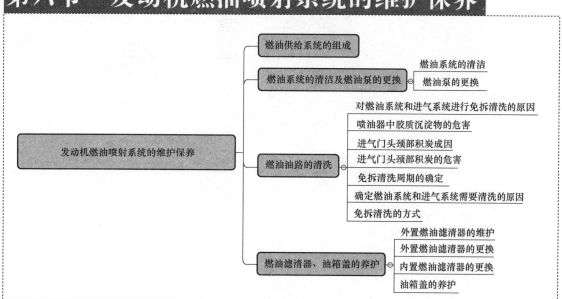

一、燃油供给系统的组成

燃油供给系统的功用是向发动机及时供应各种工况下燃烧所需要的燃油。燃油供给系统一般由燃油箱、电动燃油泵（图 3-77）、燃油滤清器、燃油压力缓冲器、油压调节器（图 3-78）、喷油器（图 3-79）等部件组成，如图 3-80 所示。燃油供给系统在车上的布置如图 3-81 所示。

图 3-77　电动燃油泵

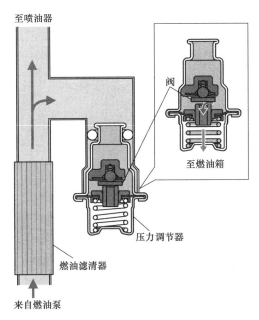

图 3-78　油压调节器

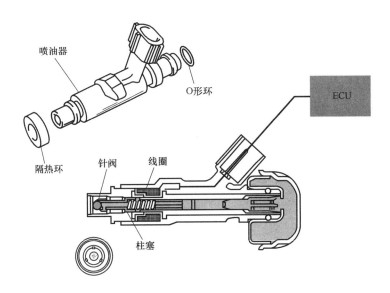

图 3-79　喷油器

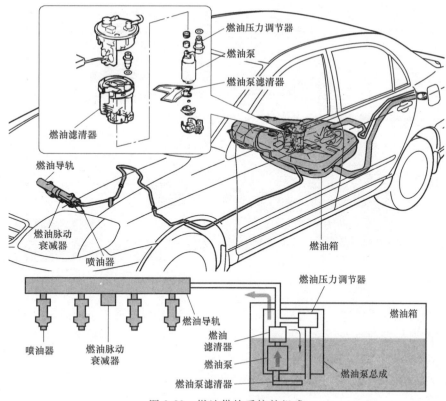

燃油压力调节器
燃油泵
燃油泵滤清器
燃油滤清器
燃油导轨
燃油脉动衰减器
喷油器
燃油箱

喷油器
燃油脉动衰减器
燃油导轨
燃油压力调节器
燃油滤清器
燃油泵
燃油泵滤清器
燃油箱
燃油泵总成

图 3-80 燃油供给系统的组成

图 3-81 燃油供给系统在车上的布置

二、燃油系统的清洁及燃油泵的更换

1. 燃油系统的清洁

　　更换燃油泵后，让其在整个使用寿命内能够正常工作的关键是保持燃油系统的清洁。许多实际的维修案例表明，导致燃油泵过早发生故障的主要原因是燃油系统中出现了像尘土、铁锈或水垢之类的污染物。要使新的燃油泵能够正常工作足够长的时间，就必须彻底清洁汽车燃油系统（图 3-82）的所有部件。

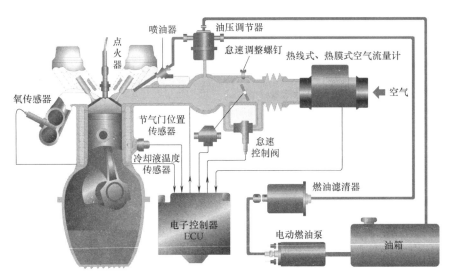

图 3-82 汽车燃油系统的组成部件

检查和清洁燃油系统时，首先必须保证安全。开始工作之前，先让汽车冷却下来，打开燃油系统之前要先释放燃油压力，步骤如下：

1）起动发动机，维持怠速运转。

2）在发动机运转时，拔下油泵继电器或燃油泵线束插接器、油泵熔丝等使发动机自行熄火。

3）再使发动机起动两三次，即可完全释放燃油供给系统压力。

清理燃油系统的污染物时，要在汽车附近准备好灭火器，工作场地附近严禁吸烟，严禁使用明火，维修场地通风必须良好。所以如果发现有燃油溢出，应立即将溢出的燃油清理掉，并妥当处置吸入了燃油的抹布和棉纱。

清理燃油系统的污染物时要使用具有防护罩的荧光吊灯，而不能使用白炽灯。为使荧光吊灯的工作电流不超过其额定电流，荧光吊灯的电路应具有最大熔断电流为 20A 的熔丝。

2. 燃油泵的更换

首先清除燃油箱顶部所有积聚的灰尘和污垢（图 3-83），特别要注意清除掉燃油箱加油口盖顶部区域的尘土。可以利用低压压缩空气来进行上述清理工作。

如图 3-84 所示，拆下连接燃油泵总成与燃油箱的燃油软管之后，用盖盖住进油管以避免将灰尘吹入燃油箱。

在清理燃油箱加油口时，也要清理燃油箱的加油管。拆下燃油泵/输油单元之后，检查燃油过滤网是否有锈污、灰尘或污泥。

有些燃油的乙醇质量分数高达 10%，而乙醇的吸水性很强。仔细地检查油箱的内部，如果在油箱里发现了任何污染物，在安装新燃油泵之前必须将其清理干净，然后再冲洗并吹干油箱。如果油箱的内部生了锈，就必须把锈清理掉，并密封好油箱的内表面。

如果以上清理与维修油箱的费用太高，可更换油箱。

如果燃油泵是燃油泵/输油单元组合体（图 3-85）的一部分，将无法维修只能更换（图 3-86）。在维修燃油泵时，必须使用不脱落纤维、碎屑的工作材料，如毛巾、抹布等。电动燃油泵（图 3-87）非常精密，对污染物很敏感，即便是很小的污染物也将引起损坏。维修时，要确保手保持干净，在拆卸燃油泵期间手上不要沾上任何污染物。

整车维修完成后，一定要再检查一遍燃油系统是否存在泄漏。

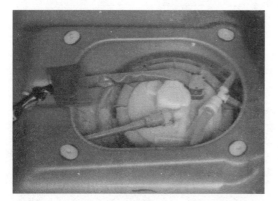

图 3-83　清除燃油箱顶部所有积聚的灰尘和污垢

图 3-84　拆下连接燃油泵总成与燃油箱的燃油软管

图 3-85　拆下燃油泵/输油单元

图 3-86　更换燃油泵/输油单元总成

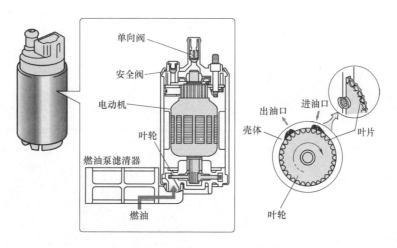

图 3-87　电动燃油泵的内部结构

注意：如图 3-88 所示，新燃油泵安装前要放置于它的原包装箱内。在将燃油泵安装到托架上时，要确保在燃油泵的进油口和出油口的接头上有密封盖。即使旧的燃油滤网看起来没有什么质量问题也要将其更换掉。安装时要确保止动夹安装在燃油泵进油口处，这样可以防止被污染的燃油绕过滤网而进入燃油泵。

三、燃油油路的清洗

近年来随着多点燃油喷射发动机的普及，在中、高档乘用车上对电喷发动机燃油系统（图 3-89）和进气系统的免拆清洗正日益增多。

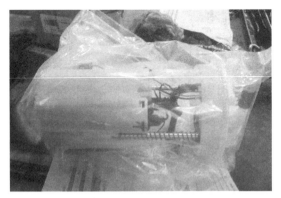

图 3-88　原包装箱内的燃油泵

图 3-89　燃油喷射系统的免拆清洗

1. 对燃油系统和进气系统进行免拆清洗的原因

免拆清洗属于养护范畴，随着我国汽车维修市场逐步与国际接轨，养护代替修理的理念深入人心，从国外引进的或自行开发的免拆清洗的设备或技术也已大批进入了汽车维修市场，使得广大汽车维修企业具备了免拆清洗的能力。

免拆清洗主要是清洗进气门头颈部形成的积炭，此外还清洗喷油器（图 3-90）和进气歧管壁处的胶质沉积物，以及活塞、活塞环槽及排气门处的积炭。其中进气门处的积炭和喷油器中的胶质沉积物对发动机性能影响最大，会使发动机冷车起动困难、加速不良、怠速不稳。使用免拆清洗技术，可以迅速、可靠、无损地改善或恢复发动机的工作性能。

2. 喷油器中胶质沉淀物的危害

喷油器中胶质沉淀物（图 3-91）会使喷油孔实际通过面积减小，计算机为保证合适的

图 3-90　喷油器的免拆清洗

图 3-91　喷油器上的胶质沉淀物

混合比，只有延长喷射时间，使空燃比调节（燃油修正）值变大。如果未加速时空燃比调节值（加浓值）过大，在加速时加浓效果就会变差，导致加速不良。

3. 进气门头颈部积炭成因

由于喷油器正对着进气门头颈部喷射，汽油中的胶质物和其他不挥发物易于在此沉积，而进气门头颈部高达 300℃ 左右的高温环境又促进了沉积物和积炭的多孔化（图 3-92），而多孔状的积炭又容易吸附汽油形成更多的积炭。当汽油品质不佳或不含电喷发动机汽油清洗剂时，这种多孔积炭形成更快，当发动机长时间在中、小负荷状态下工作时，也会促进多孔积炭的形成。

图 3-92　进气门积炭

4. 进气门头颈部积炭的危害

1）由于积炭减小了进气通道，从而导致高速和加速时气缸进气量减少，降低了发动机充气系数，造成发动机功率下降、汽车加速不良。

2）降低了发动机工况转换的灵敏度。例如，冷机起动困难，往往是由于喷油器所喷出的燃油被进气门上多孔积炭吸收，造成实际进入气缸的混合气过稀，而使发动机难以起动。只有在喷油器多次喷油而使进气门上多孔积炭吸附的汽油饱和、混合气达到了冷起动要求的浓度时，发动机方可起动。而当发动机从加速回到怠速时，由于进气门上多孔积炭所吸附的汽油蒸气会不断释放和吸收，造成怠速不稳。

3）当进气门头颈部上的积炭落入进气门座的接触通道上时，会造成气缸压力不足而难以起动。

4）当进气门杆上也附有积炭时，有时会使气门杆与导管间发卡，造成气门不能及时关闭，导致活塞撞击进气门使发动机发出异响，甚至导致进气门和活塞的损坏。

5. 免拆清洗周期的确定

确定发动机燃油系统和进气系统是否要进行免拆清洗的主要根据如下。

1）冷车起动困难、加速不良，从其他转速回到怠速时常有短时不稳。

2）氧传感器电压在 0.10 ~ 0.95V 间，且变化较慢（好的发动机常在 0.3 ~ 0.7V 间变化，见图 3-93），燃油修正值变化很慢。

3）经常处于中、低负荷（市区行驶）工况的车，已行驶 2 万 ~ 4 万 km，当然用了劣质汽油的车可能几千千米就需清洗了。

4）突然因气缸压力低而导致发动机不起动或起动困难，且怀疑是由于积炭落在进气门与气门座圈之间。

以上各项中，2）中的指标最重要，也最直观，用故障诊断仪可以从测量数据块（保持帧）中迅速读出。

6. 确定燃油系统和进气系统需要清洗的原因

（1）氧传感器电压变化确定清洗原因　进气门处无积炭或积炭较少的发动机，喷射到进气门处的雾状燃油能同步进入燃烧室。发动机 ECU 对空燃比的调节，总是围绕着理论空燃比 14.7∶1 来进行，如每调一步为加浓 0.03（喷射时间增加）和减稀 0.03，如果一步就可调节完成，氧传感器电压就在 0.3 ~ 0.7V 间变动，而且变化频率较快。如果要调三步、四步后才能使空燃比由大于 14.7∶1 变为小于 14.7∶1。那么氧传感器电压就在 0.10 ~ 0.95V

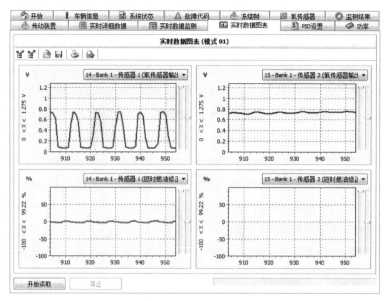

图 3-93　前后氧传感器的变化波形

间变动，而且变化频率较慢。这是因为进气门处积炭较多时，由于积炭有吸附加浓的燃油或释放出过多燃油的特性，空燃比调节就变慢了，要分三、四步才能完成。也就是说，由于喷油器喷出的汽油先喷到了积炭上，积炭吸附后再释放出，需要时间，也就导致加速不良和冷起动困难。

（2）燃油修正值上可确定清洗原因　如果喷油器针阀出油口处有积炭，造成部分堵塞，导致实际喷油量减少，那么发动机 ECU 就会延长喷射时间，从测量数据块中读到的空燃比调节值就会增加，如 19%。虽然这一调节值为正（增加喷油时间），但混合气的空燃比仍等于 14.7∶1。发动机 ECU 在出厂标定时：加速时为开环控制，提供空燃比为 12.0∶1 的浓混合气。如果在匀速运转时，空燃比调节值已达 19%，那么在加速时，喷油时间就延长得较少，实际进入气缸的混合气仍是空燃比等于 14.7∶1 的理论混合气，而不是加浓的混合气，所以加速不良。

7. 免拆清洗的方式

目前市场上免拆清洗装置（图 3-94）及清洗液种类很多，几种名牌清洗液效果都较好，而且对氧传感器等部件都无损坏。就清洗方式而言，一般有以下三种：

1）加入燃油箱中用作发动机燃油喷射系统清洗剂。

2）加入燃油箱中用作燃油清洗添加剂。

3）在发动机运转时，由真空软管吸入进气歧管中，用作节气门/进气门清洗剂，如图 3-95 所示。

四、燃油滤清器、油箱盖的养护

1. 外置燃油滤清器的维护

在对外置燃油滤清器（图 3-96）进行维护时，应该检查与燃油滤清器相连接的油管和油路（图 3-97），检查其外表面是否出现了因路面上的沉淀物、铁锈、润滑油和划痕等而产

图 3-94 汽车免拆清洗装置（积炭清除）

图 3-95 清洗剂直接送入进气歧管

图 3-96 外置燃油滤清器的外形

图 3-97 外置燃油滤清器的检查与更换

生的损伤。如果有必要的话，更换损坏的部件。现在许多新型的燃油滤清器本身附带有两条橡胶软管，橡胶软管从燃油滤清器的两侧引出和汽车上的油路连在一起。如果新买的燃油滤清器附带有这种橡胶软管，则更换燃油滤清器时，应该舍弃原来的橡胶软管，而使用新的橡胶软管。

2. 外置燃油滤清器的更换

1）松开油路和燃油滤清器接合处的夹紧装置。

2）将燃油滤清器从油路中拆下来，紧接着用塞子塞住油路，以防止燃油溢出。

3）大部分安装在油路中的燃油滤清器都标有两个箭头（一个是燃油流入箭头，另一个是燃油流出箭头），用箭头来表明燃油经过燃油滤清器时的流向（图 3-98）。安装燃油滤清器时，一定要使箭头的方向指向发动机，即油液是流向发动机的。

油路中所使用的夹紧装置是专门设计的，应在橡胶软管和燃油滤清器接合处把这两个部件紧紧地夹住，以达到密封的效果。与普通的夹紧装置相比，这种夹紧装置不会切入橡胶软管，因此也不会对橡胶软管造成伤害；同时，这种夹紧装置还能承受很高的油压。相比之下，普通的蜗杆式夹紧装置很容易损坏橡胶软管而造成燃油泄漏。还应确保橡胶软管夹紧装置安装在正确的位置。

3. 内置燃油滤清器的更换

如果汽车使用的是无须维护的燃油系统，以及只使用了一个内置于油箱的燃油滤清器

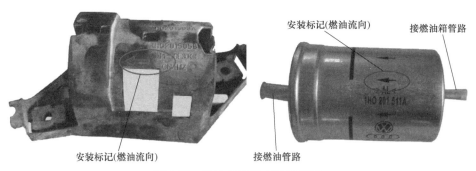

图 3-98 燃油滤清器安装示意图

（图 3-99），那么在汽车定期预防性养护过程中，就不能把油泵、滤清器以及燃油输出装置等全都更换掉，即使汽车定期预防性养护的间隔比较长，也不可能那样做，因为那样做的成本很高。但是，如果有迹象表明发动机的工作性能异常，或者燃油系统的燃油压力处于临界值，那么检查甚至更换置于油箱内部的燃油滤清器（图 3-100）就非常必要了。

完成对燃油滤清器的养护工作后，要把所有的零部件装配起来，重新装上燃油泵熔丝，然后，在点火系统不工作的情况下，使发动机转动若干圈，直到燃油系统中建立起正常的燃油压力时为止。此时，应检查燃油滤清器和油路是否存在泄漏情况。如果检查结果表明一切正常，起动发动机运转几分钟，然后，重新检查一遍，以确保没有泄漏情况发生。

图 3-99 内置燃油滤清器的更换

图 3-100 内置燃油滤清器的滤芯

4. 油箱盖的养护

油箱盖（图 3-101）是汽车上燃油蒸发排放系统中非常重要的组成部分。如果油箱盖存在缺陷，如松动或油箱盖丢失，都会引起故障指示灯（MIL）闪亮报警，同时还会在汽车电子控制模块中储存燃油蒸发排放系统的初始故障码（DTC）。

汽车燃油系统中出现的大部分问题都是由于燃油滤清器和油路接合不当或者油箱盖出现缺陷引起的。有时当拧紧油箱盖时，会明显地感到很费力，这可能是由螺纹错扣引起的，在过去的一段时间里，这种故障现象在燃油系统养护操作中曾经重复地出现过。在很多情况下，油箱盖还会发出类似棘轮机构发出的"咔嗒、咔嗒"声，这种声音说明油箱盖安装得很紧并且正在起着密封的作用。当然，如果把油箱盖拧松，"嗖嗖"的排气声就会消失。对于油箱盖出现的问题，只要对油箱盖上的螺纹进行仔细的检查，就会发现问题的症结所在。更换油箱盖是解决各种故障问题的最好办法。

大多数汽车制造商都建议车辆每行驶48000km就要检查一次油箱盖。检查油箱盖时，还要特别地检查一下燃油注入口颈部两处的螺纹是否有损伤或螺纹错扣，并确保密封垫片或者密封圈处于正确的位置。另外，还应该注意的是油箱盖的使用是否满足汽车制造商要求的使用规范。如今市场上有专用的测试仪器，可以用来检测油箱盖是否能够保持正常的油箱压力，也可以检查是否能够满足燃油蒸发排放的要求。

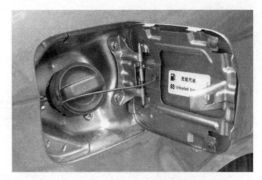

图 3-101　汽车油箱盖

第四章
Chapter 4

汽车底盘的维护保养

第一节　离合器的维护保养

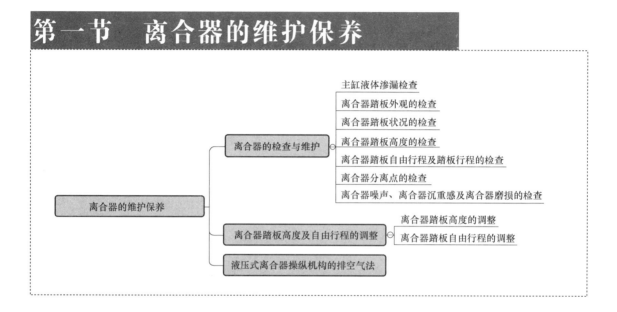

汽车传动系统将发动机发出的动力传递给驱动轮，使路面对驱动轮产生牵引力，推动汽车行驶。普通传动系统包括离合器、变速器、万向传动装置和驱动桥等部分。

离合器位于发动机和变速器之间，是汽车传动系统中直接与发动机相连的总成。离合器的组成如图 4-1 所示。通常离合器与发动机曲轴飞轮组的飞轮安装在一起，是发动机与汽车传动系统之间切断和传递动力的部件。

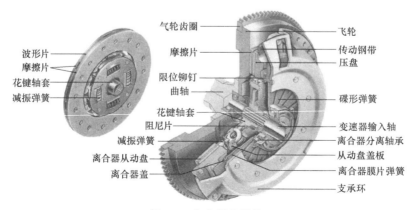

图 4-1　离合器的结构

离合器的作用是使发动机与传动系统平顺地接合，保证汽车平稳起步，变速器换档平顺，并防止传动系统过载。对于机械式离合器操纵机构，离合器踏板一般通过拉索或机械杆件与分离拨叉臂相连；对于液压式或气压式离合器操纵机构，离合器踏板与离合器主缸相连。

在汽车的使用过程中，如果离合器踏板位置不正常（即离合器踏板高度、自由行程不符合规定要求），会导致离合器分离不彻底、换档困难、离合器打滑、汽车加速不良、分离轴承及压盘总成过早损坏等故障。因此，正确地检查、调整离合器踏板位置，对提高汽车使用性能和减轻驾驶人劳动强度具有十分重要的意义。

一、离合器的检查与维护

1. 主缸液体渗漏检查

1）如图 4-2 所示，检查储液罐中液面的高度，应位于 MIN 和 MAX 刻度线之间位置。

注意：多数轿车的离合器储液罐和制动液储液罐共用。

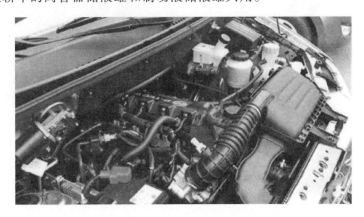

图 4-2　离合器主缸液面检查

2）检查离合器主缸（图 4-3），以便确保液体不渗漏到主缸室中。

3）检查主缸端口处、储液罐、离合器软管、工作缸进油口等部位是否存在漏油现象。

2. 离合器踏板外观的检查

如图 4-4 所示，检查离合器踏板是否弯曲或扭曲，检查踏板垫是否有损坏或磨损。

图 4-3　离合器主缸

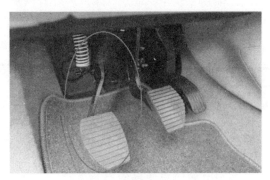

图 4-4　离合器踏板的检查

3. 离合器踏板状况的检查

起动发动机，连续踩下离合器踏板时，检查离合器踏板的工作状况。离合器踏板不应有回弹无力的情况，踩踏时应无异常噪声、无过度松动的情况，每次踩踏踏板时，不应有踏板沉重感。

4. 离合器踏板高度的检查

用测量标尺检查离合器踏板高度是否处于标准范围内。如果超出范围，应调整踏板的高度，如图 4-5 所示。离合器踏板高度（未配备地毯）标准值：180.5mm。

注意：应测量从地面到离合器踏板上表面的距离。如果必须要从地毯表面开始测量，则从标准值中扣除地毯的厚度。

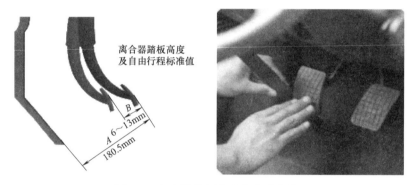

图 4-5　离合器踏板高度与自由行程
A—踏板高度　*B*—自由行程

5. 离合器踏板自由行程及踏板行程的检查

用手指按压踏板并用测量标尺测量踏板的自由行程量，检查踏板自由行程是否处于标准范围内。如果超出标准范围，调整踏板的高度，如图 4-5 所示。踏板自由行程标准值：6～13mm 同时，还应检查离合器踏板的行程。标准值：（140±3）mm（汽油发动机）。

注意：用手指按压踏板时，感觉踏板逐渐变重的过程分两步：第一步，踏板运动直到踏板推杆接触主缸活塞；第二步，踏板运动直到主缸引起液压上升。离合器分离轴承推动膜片弹簧以前，会随着踏板发生一定量的移动，踏板自由行程也就被确定。

6. 离合器分离点的检查

发动机怠速运转时，不踩下离合器踏板，分别慢慢地换档到前进档和倒车档；逐渐踩下离合器踏板，测量离合器踏板自由行程的结束位置到齿轮噪声停止位置的行程量，此行程量为离合器分离行程。齿轮噪声停止的位置为离合器分离点。

7. 离合器噪声、离合器沉重感及离合器磨损的检查

发动机怠速时，踩下离合器踏板。换到 1 档或者倒车档，并检查是否有异常噪声、换档是否平稳。同时，检查是否有异常噪声，或者在踩下踏板时其力量是否可以接受。

二、离合器踏板高度及自由行程的调整

1. 离合器踏板高度的调整

1）如图 4-6 所示，松开限位螺栓锁止螺母。

2) 转动限位螺栓，直到踏板高度正确。

3) 拧紧限位螺栓锁止螺母。

2. 离合器踏板自由行程的调整

1) 如图 4-6 所示，松开推杆锁止螺母。

2) 转动踏板推杆，直到踏板自由行程正确。

3) 拧紧推杆锁止螺母。

4) 调整好踏板自由行程后，检查踏板高度。

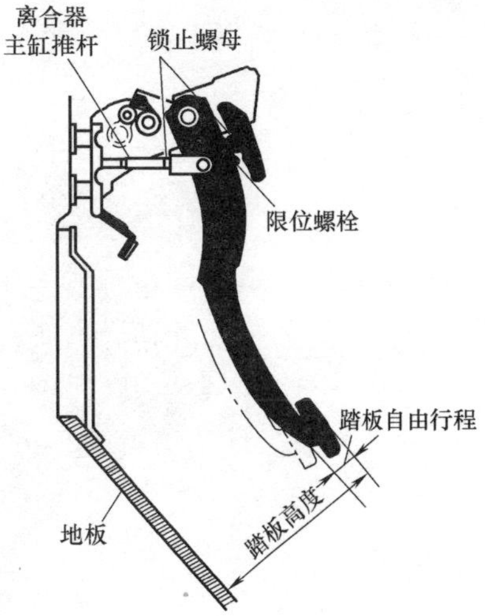

三、液压式离合器操纵机构的排空气法

每次拆卸离合器油管、离合器软管、离合器主缸或者踩下离合器踏板感觉软绵绵时应对离合器液压系统放气。注意加注的离合器油为 SAE J1703（或DOT3、DOT4），切勿使用质量差的离合器油。

1) 把一根塑料软管套在放气螺栓上，将排出的离合器油导入一个容器内，打开离合器工作缸放气螺栓。

图 4-6　离合器踏板自由行程及调整

2) 慢慢地反复踩下离合器踏板。如果反复踩下离合器踏板的速度过快，气缸里的空气将不能放尽，每次放松离合器踏板时都要回到最高位置。

3) 踩住离合器踏板，拧紧放气螺栓。

4) 在储液罐中加注离合器油到规定位置。

第二节　手动变速器的维护保养

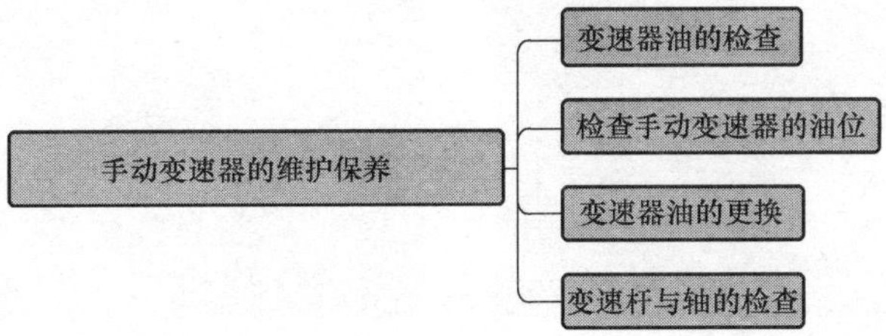

手动变速器（图 4-7）是指通过人工拨动变速杆，改变变速器内齿轮的啮合状态，改变传动比，从而达到变速、变矩、变向目的的变速器。车辆的驱动方式不同，手动变速器的外部形状差异较大，但其基本组成结构是相同的，一般由动力传动机构、变速执行机构和减速输出机构组成。

1. 变速器油的检查

1) 检查变速器是否有漏油现象，如有应维修漏油处（图 4-8）。

2) 进行检查时，应确保汽车放平。

3) 卸下变速器油位塞（图 4-9）。通过注油孔/油位塞孔检查油位。如果卸下油位塞时，油从油位孔流出或油位已达油位孔，说明油已加注到位。如果发现油量不足应用规定用油加

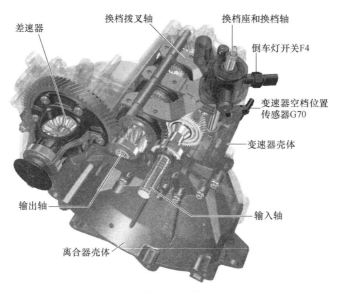

差速器　　换档拨叉轴　　换档座和换档轴

倒车灯开关F4

变速器空档位置
传感器G70

变速器壳体

输出轴　　　　　　输入轴

离合器壳体

图 4-7　手动变速器的结构

注，让油位升至油位孔。

4）按规定力矩拧紧油位塞。

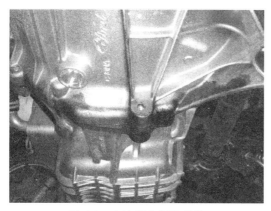

图 4-8　变速器有漏油现象

图 4-9　变速器油位塞

2. 检查手动变速器的油位

1）通过拆卸加注孔检查齿轮油位。拆卸加油螺栓，如图 4-10 所示。

2）拆下加油口螺栓后，将手指插入塞孔，并且检查油与手指接触的位置，如图 4-11 所示。

注意：如果检查到油位低于规定要求，则应从加油口处添加油液。

3. 变速器油的更换

1）将汽车放平，将汽车升至一定的高度。卸下放油塞，放油。

2）按规定力矩拧紧放油塞。

3）用规定用油加注，让油位升至油位孔。

4）按规定力矩拧紧注油塞（图 4-12）。

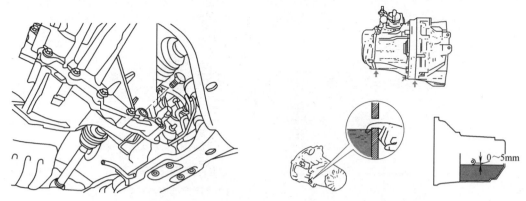

图 4-10　拆卸加油螺栓　　　　　　　　图 4-11　检查液位

图 4-12　变速器注油塞

4. 变速杆与轴的检查

检查变速杆是否灵活，有无不正常的噪声。如操作不灵，用底盘防水润滑脂润滑变速杆支座和轴衬套。

第三节　自动变速器的维护保养

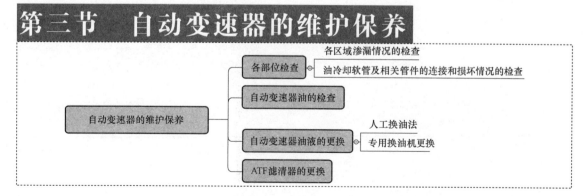

自动变速器的控制系统工作原理如图 4-13 所示。它通过各种传感器的检测将发动机的转速、节气门开度、车速、发动机冷却液温度、ATF 温度等参数信号以及驾驶人的驾驶意图，转换成电信号输入到 ECU。ECU 经过计算、比较处理后，根据预先编制的换档程序确

定并输出换档指令，并通过电磁阀控制换档阀，使其打开或关闭通往换档离合器和制动器的油路，从而控制换档时刻和档位的变换，以实现自动变速。

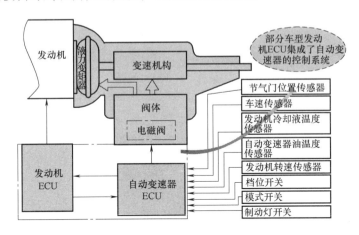

图 4-13　自动变速器的控制系统工作原理

电控液力自动变速器由变矩器、机械式变速器（一般多采用行星齿轮机构）和电子-液压控制系统三部分组成。

一、各部位检查

1. 各区域渗漏情况的检查

如图 4-14、图 4-15 所示，检查渗漏情况时，应检查以下各处：

1）壳的接触面处。

2）轴和拉索伸出的区域。

3）油封处。

4）放油螺塞。

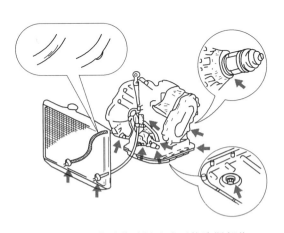 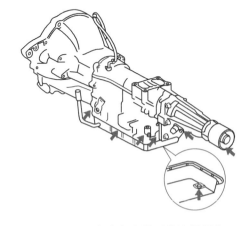

图 4-14　自动传动桥油液可能渗漏部位　　　　图 4-15　自动变速器可能渗漏部位

2. 油冷却软管及相关管件的连接和损坏情况的检查

检查油冷却软管是否有裂纹、隆起或者其他形式的损坏，其连接部分是否有松动等。

90

二、自动变速器油的检查

1）将汽车停在平坦路面上，拉紧驻车制动器。

2）起动发动机，变速器油温度达到 70～80℃后，踩住制动踏板，将变速杆从 P（驻车）位换到 L 位，每 2～3s 在各档位来回移动两三回，最后挂入 N（空档）或 P（驻车）位。

3）打开发动机盖，拔出变速器油标尺。要避免衣服或手碰到旋转部分及过热的散热器。

4）擦干变速器油标尺后，再次将它插入变速器，然后拔出，确认变速器油是否在 HOT 范围之内，如图 4-16 所示。

5）变速器油不足时，利用漏斗加入变速器油至 HOT 范围。

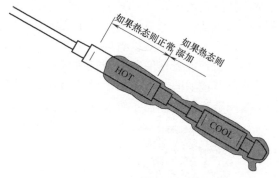

6）检查完毕后，牢固地插入油标尺。

提示：测量自动变速器油油量时，应在发动机温度达到正常温度后测量。注意不要被散热器和排气装置烫伤。

三、自动变速器油的更换

图 4-16　自动变速器油的检查

1. 人工换油法

如图 4-17 所示，这种方法在行业内俗称"手换"，即打开自动变速器的放油螺塞，让里面的油液自然排出。这是一种旧的换油方式，优点是操作方便，耗时少；缺点是换油不彻底，只能放掉 1/4～1/3 油液，大约是 3L。这样，残留下来的旧油会污染新的变速器油，而新旧油混合后，必然会影响自动变速器各方面的性能。目前，相当一部分服务店都沿用这种换油方式，所以只能缩短换油间隔。

注意：更换自动变速器油必须使用同一品牌的自动变速器油。因为在更换自动变速器油时，并不能够将所有的旧油全部排出，还有部分旧油残留在自动变速器内部。如使用不同品牌的变速器油与旧油混合后，会直接损坏自动变速器或缩短自动变速器的使用寿命。

2. 专用换油机更换

这种方法在行业内俗称"机换"。利用机器产生压力，把变速器油进行动态更换。绝大部分自动变速器油是通过发动机散热器进行循环冷却的。

如图 4-18 所示，机换的方法就是把换油机接自动变速器进入散热器冷却的两根管，用压力进行循环换油。其操作方法是：往专用更换机加入一定量的新油液，通过进油管泵入自动变速器，再从出油管抽出旧油液，旧油液输入更换机后被滤清器过滤，然后又泵进自动变速器，这样不断循环对变速器进行冲

图 4-17　自动变速器油的人工更换

洗，冲洗完成后把旧液抽出，泵入新液，整个过程约需要 1h，所需自动变速器油是 12L 左右。这种换油方式的优点是换油比较彻底，能够放掉 85% 以上的旧油液，而且可以把自动变速器内部的油垢和金属屑清洗干净，通过机换的方式，更换油液的周期可以达到 40000~60000km；缺点是需要专用设备，耗费的工时多。

注意：两种换油方法都要在发动机起动的情况下进行。更换自动变速器油，在操作的时候必须是在热车的状态下，更换前应行驶 20min 以上，不能冷车换油。换油时要起动发动机，把各档位从 P 位到 R、N、D、L1、L2 等档位来回拨动，然后才开始换油。

四、ATF 滤清器的更换

在进行预防性维护时，ATF 滤清器（图 4-19）通常被遗忘。在大部分情况下，ATF 滤清器并不像润滑油、空气或燃油滤清器那样易于更换。除非该滤清器的堵塞已经影响到变速器的正常工作，否则通常会被忽略。因为 ATF 滤清器是对自动变速器进行保护的装置，所以应该保持其清洁或者按照制造商推荐的更换周期及时更换。自动变速器通常采用纸质滤清器、毡质滤清器或滤膜滤清器来滤除油液中的杂质。亚洲汽车制造商喜欢使用滤膜滤清器，而欧美汽车制造商则更倾向于纸质或毡质滤清器。

图 4-18　自动变速器油的换油机更换

图 4-19　ATF 滤清器

第四节　轮胎的检测与维护

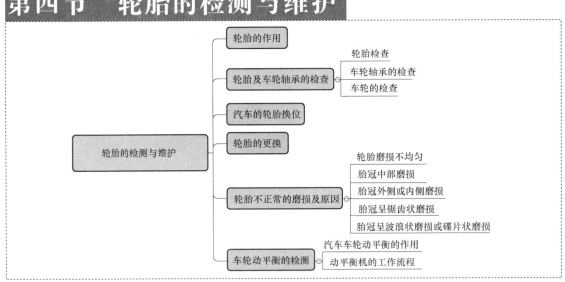

一、轮胎的作用

车轮与轮胎是汽车行驶系统中的重要部件，其功用是：支承整车；缓和由路面传来的冲击力；通过轮胎同路面间存在的附着作用来产生驱动力和制动力；汽车转弯行驶时产生平衡离心力的侧抗力，在保证汽车正常转向行驶的同时，通过车轮产生的自动回正力矩，使汽车保持直线行驶方向；承担提高越障通过性的作用等。

在汽车使用过程中，汽车承受载荷、行驶路况、轮胎质量、悬架或转向系统零部件损伤，车轮定位失准及驾驶习惯等因素，使车轮产生变形和轮胎异常磨损，导致汽车产生行驶振动摇摆，轮胎加速磨损以及制动性能、加速性能和转向性能降低等故障发生，使汽车的行车安全性和使用经济性受到严重影响。因此，应定期检查轮胎的磨损状况；同时，为提高各个轮胎的磨损均匀性，还需要定期进行轮胎换位，以延长轮胎的使用寿命。

二、轮胎及车轮轴承的检查

1. 轮胎检查

1）将汽车平稳地停放在举升机上，打开行李箱盖，从行李箱中取出备用车胎（图4-20），安放在车轮支架上。

2）检查轮胎的胎压。用手旋下轮胎气门嘴的防尘帽，使用轮胎气压表检查轮胎气压是否符合250kPa（依据车型而定）的要求。如果气压过低，应进行充气；若气压过高，则应适当地放气，直到达到规定要求，如图4-21所示。

3）检查气门嘴的漏气情况。用手旋下轮胎气门嘴的防尘帽，将轮胎气压加到规定要求，然后在气门嘴上涂抹一层肥皂水。目视检查气门嘴是否存在漏气现象，如图4-22所示。

4）检查胎侧及胎肩情况。用手沿胎侧及胎肩方向按圆周方向检查其是否有变形、裂纹等情况；同时，配合目视检查在胎侧及胎肩方向上是否有异常磨损或鼓包、橡胶开裂等现象，如图4-23所示。

5）检查轮胎胎面。轮胎胎面是否有金属颗粒或其他异物嵌入，如图4-24所示。目视观察轮胎胎面异物嵌入情况，如果存在异物，应将异物剔除。

6）检查轮胎胎面磨损情况。目视检查轮胎胎面是否存在不均匀磨损（如中部磨损、胎肩磨损、羽状磨损、单侧磨损等）。若出现上述情况，应做进一步检查（轮胎气压或车轮定位等），如图4-25所示。

图 4-20 汽车备胎

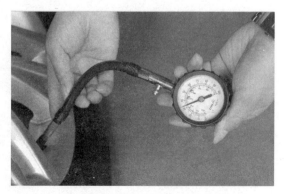

图 4-21 检查轮胎胎压

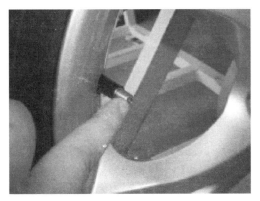

图 4-22　轮胎气门嘴漏气情况检查

图 4-23　检查胎面及胎肩情况

图 4-24　轮胎表面异物的检查及剔除

中部磨损

胎肩磨损

单侧磨损

羽状磨损

环状槽形磨损

图 4-25　轮胎胎面磨损情况

7）检查轮胎胎面花纹沟槽深度，如图 4-26 所示。首先，擦净轮胎花纹顶面及纹槽；然后，将深度尺垂直插入纹槽中，保持深度尺的测量平面与两侧花纹顶面可靠接触；同时，在整个轮胎上进行多点测量；最后，观察并读取深度尺外壳顶端与标尺对齐的刻度线指示的数值，该数值即为轮胎花纹深度值。车轮轮胎花纹深度应不低于极限值。胎面深度极限值为 1.6mm。

8）检查轮圈和轮盘的情况。目视检查轮圈和轮盘是否存在变形、腐蚀、裂纹等损坏情况，如果存在，应更换轮胎，如图 4-27 所示。

9）检查轮胎螺栓孔的情况。目视检查连接螺栓孔，不应有腐蚀、变形等情况，如图 4-27 所示。

2. 车轮轴承的检查

1）将汽车平稳地停放在举升机上，操纵举升机将汽车举升至适当高度，锁止举升机。

2）检查车轮是否摆动、转动是否良好且无噪声，如图 4-28 所示。

3. 车轮的检查

检查项目分别为胎侧及胎肩情况、轮胎胎面是否有金属颗粒或其他异物嵌入、轮胎胎面磨损情况、轮胎的胎压、气门嘴的漏气情况、轮圈和轮盘的情况、轮胎螺栓孔的情况、轮胎

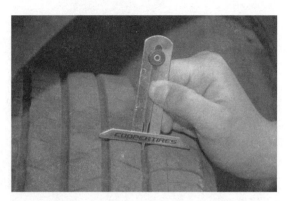

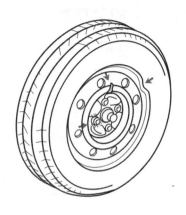

图 4-26　轮胎胎面花纹深度的检查　　　　　图 4-27　轮圈和轮盘情况的检查

胎面花纹沟槽深度。

　　注意：如图 4-29 所示，在检查轮胎胎面花纹沟槽深度时，如果胎面沟槽深度小于 1.6mm，在胎面上会出现磨损极限标记。此时，应及时更换轮胎。

极限磨损标志

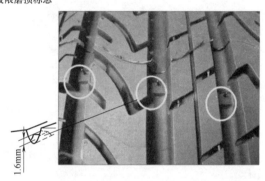

图 4-28　检查车轮是否摆动、　　　　　图 4-29　轮胎极限磨损标志
转动是否良好且无噪声

　　注意：

　　轮胎气压的检查应在轮胎冷却后进行。

　　应在随车的轮胎标牌（图 4-30）或用户手册中，找出规定的轮胎气压。

　　检查完毕后，按照规定要求安装轮胎。按对角线拧紧车轮螺母，最后应使用扭力扳手再检查拧紧力矩（90～110 N·m），如图 4-31 所示。

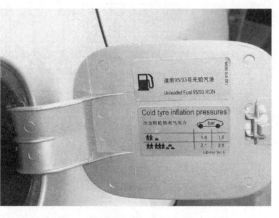

图 4-30　轮胎气压标准的一般标注位置

三、汽车的轮胎换位

为了防止轮胎偏磨损，延长轮胎的使用寿命，每行驶 10000km 应按图 4-32 或图 4-33 所示顺序变换轮胎的位置。

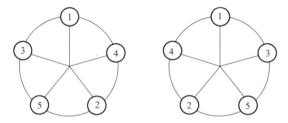

图 4-31　车轮螺母拧紧顺序

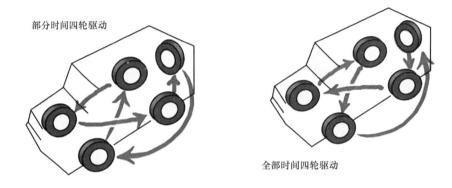

图 4-32　四轮驱动汽车的轮胎换位

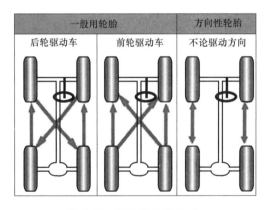

图 4-33　轮胎的换位方式

四、轮胎的更换

如图 4-34 所示，轮胎上设有表示外胎磨损程度的标记，也就是轮胎旁边槽中或"△"标记方向的突出部分表示磨损程度。当轮胎磨损到这部分时要更换。

警告：

1）轮胎气压比规定值低时（低 68.95kPa 以上）会导致轮胎过热，特别是热天高速行驶时更为严重，这时会出现外胎分离，轮胎间出现不规则变形，使车辆难以控制从而导致发生重大伤害甚至死亡事故。

2）轮胎气压过高、驾驶不良、轮胎中央过度磨损、路面情况不良，都会增加导致伤害的可能性。

3）旧轮胎有破裂、失去制动性等的危险。

注意：

1）更换轮胎时，不要同时安装子午线轮胎和斜线轮胎。

2）使用不同规格、型号的轮胎对乘车舒适性、转向性、最低离地间隙、轮胎与车体间隙以及车速表的精确性都有影响。

3）更换轮胎时，最好同时更换四个轮胎。不能同时更换四个或没必要同时更换时，应同时更换前或后两个轮胎。仅更换一个轮胎会给转向性带来严重的不良影响。

图 4-34　轮胎侧面的 "△" 标记

4）使用不同规格的轮毂，会对车轮、轴承寿命、制动性、转向性、最小离地间隙、车轮间隙、防滑链间隙、车速表精确度、前照灯角度以及保险杠高度造成不良影响。

五、轮胎不正常的磨损及原因

轮胎的磨损主要是轮胎与地面间滑动产生的摩擦力造成的。汽车在起步、转弯及制动等行驶条件下不断变化，转弯速度过快、起步过急、制动过猛，轮胎的磨损就快。另外，轮胎的磨损还与汽车的行驶速度有关，行驶速度越快，轮胎磨损越严重。路面的质量直接影响到轮胎与地面的摩擦力，路面较差时，轮胎与地面滑动加剧，轮胎的磨损加快。以上情况产生的轮胎磨损，基本上是均匀的，属于正常磨损。若轮胎使用不当或前轮定位不准，将产生故障性不正常磨损。常见的不正常磨损有以下几种，如图 4-35 所示：轮胎胎面磨损不均匀，胎冠中部磨损，胎冠外侧或内侧磨损，胎冠呈锯齿状磨损，胎冠呈波浪状、碟片状磨损等。

1. 轮胎磨损不均匀

轮胎花纹磨损不均匀，局部磨损严重。

故障原因：前轮定位不正确，前束和外倾角调整不当；轮胎气压过高，车轮摆差过大；制动器分离不彻底；悬架零件磨损严重。

2. 胎冠中部磨损

故障原因：轮胎气压过高，使轮胎与地面接触面积减小，增加了单位接地面积的负荷，加速了胎冠中部的磨损。此外，帘布层帘线承受过大的拉伸应力也可导致轮胎早期损坏。

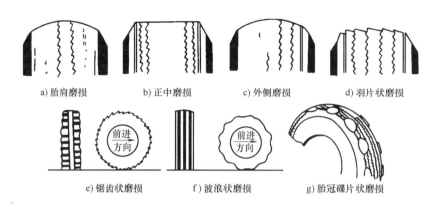

a) 胎肩磨损   b) 正中磨损   c) 外侧磨损   d) 羽片状磨损

e) 锯齿状磨损   f) 波浪状磨损   g) 胎冠碟片状磨损

图 4-35　轮胎常见的不正常磨损

3. 胎冠外侧或内侧磨损

故障原因：只有转向轮才会发生这种情况。若轮胎外倾角过大，使胎冠外侧磨损；若过小，造成胎冠内侧磨损。

4. 胎冠呈锯齿状磨损

故障原因：主要与前束有关。若前束过大，则胎冠由外侧向内侧呈锯齿状磨损；若前束过小，则胎冠由内侧向外侧呈锯齿状磨损。

5. 胎冠呈波浪状磨损或碟片状磨损

故障原因：轮胎平衡不良、轮毂松旷、轮辋拱曲或经常使用紧急制动。

六、车轮动平衡的检测

1. 汽车车轮动平衡的作用

汽车的车轮是由轮胎、轮毂和平衡块组成的一个整体。由于制造的原因，使这个整体各部分的质量分布不可能非常均匀。当汽车车轮高速旋转起来后，就会形成动不平衡状态，影响车辆行驶和轮胎使用寿命。因此，轮胎应进行动平衡。

2. 动平衡机的工作流程

汽车车轮动平衡机（图 4-36）的类型很多，但其原理大体一致。车轮动平衡机的计算机显示与控制装置具有自动诊断和自动调校系统，能将传感器送来的电信号通过计算机运算、分析、判断后显示出不平衡量及其位置。为使显示的不平衡量正好是轮胎边缘所加平衡块的质量，还必须测量轮毂的直径 d、轮胎宽度 b 和轮辋边缘至平衡机机箱的距离 a，然后通过键盘或旋钮将其输入计算机。a、b、d 三尺寸如图 4-37 所示。操作步骤如下：

1）测试前的准备。检查并清除轮胎上的灰尘、泥土，检查胎面是否夹有金属、石块等异物，检查轮胎气压是否符合规定值，检查轮辋定位面和安装孔有无变形，检查胎内有无异物，取下原有平衡块。

2）安装车轮。根据轮辋中心孔的大小选择好锥体，如图 4-38 所示，装好车轮，用快速螺母拧紧。

3）起动设备，输入轮胎使用尺寸。打开电源开关，检查指示与控制装置的面板是否指

图 4-36　车轮动平衡机

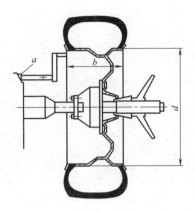

图 4-37　输入数据的测量部位

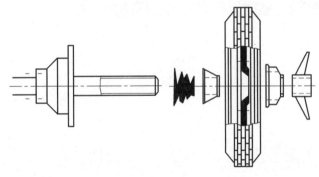

图 4-38　安装车轮

示正确。用卡尺测量轮辋宽度 b、轮辋直径 d（也可由胎侧读出），用平衡机上的标尺测量轮辋边缘至机箱距离 a，用键盘或选择器旋钮将测量数据直接输入指示与控制装置中。

4）选择平衡方式。根据加平衡块位置及方式不同选择不同的平衡方式。连续按平衡方式选择键，显示窗内可显示不同的平衡方式。每次开机自动进入动态，无须进行选择。

5）轮胎动平衡检测。如图 4-39 所示，放下车轮防护罩，按下起动键，车轮旋转，平衡测试开始，微机自动采集数据。车轮自动停转或听到指示声音，按下停止键并操纵制动装置使车轮停转后，从指示装置读取车轮内、外不平衡量和不平衡位置。

6）安装平衡块（图 4-40）。抬起车轮防护罩，用手慢慢转动车轮。当指示装置发出指示（音响、指示灯亮、制动、显示点阵或显示检测数据等）时停止转动。在轮辋的内侧或外侧的上部（时钟 12 点位置）加装指示装置显示的该侧平衡块质量，内、外侧要分别进行加装，平衡块装卡要牢固。

安装平衡块后有可能产生新的不平衡，应重新进行平衡试验，直至不平衡量小于 5g，指示装置显示"00"或"OK"时才符合要求。当不平衡量相差 10g 左右时，如能沿轮辋边缘左右移动平衡块一定角度，将可获得满意的效果。

图 4-39　轮胎动平衡检测

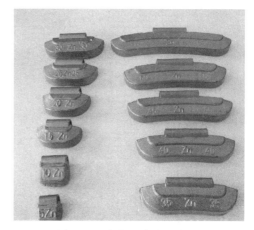

图 4-40　车轮平衡块的规格

第五节　转向系统的维护保养

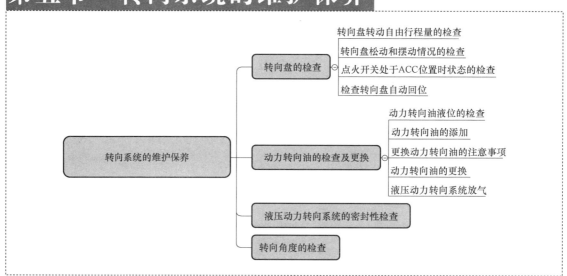

汽车在行驶过程中，经常需要改变行驶方向（即转向）。改变行驶方向的方法是，驾驶人通过一套专设的机构使汽车转向桥上的车轮（转向轮）相对于汽车纵轴线偏转一定角度。有时转向轮也会受到侧向力的干扰而自动偏转，改变行驶方向。驾驶人也可以利用这套机构使转向轮向相反方向偏转，使汽车恢复原来的行驶方向。用来改变或恢复汽车行驶方向的专设机构称为汽车转向系统，系统结构如图 4-41、图 4-42 所示。

一、转向盘的检查

1. 转向盘转动自由行程量的检查

1）将汽车停放在举升机处，安装好底板垫、座椅套和转向盘套。

2）起动发动机，使汽车处于笔直向前状态。在前轮不动状态下，使用直尺测量转向盘可以转动的自由间隙（自由行程），如图 4-43 所示。转向盘自由行程的标准值：不大于

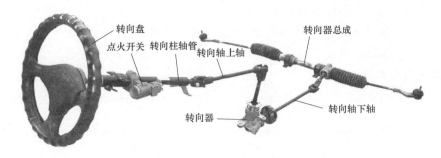

图 4-41 转向系统的组成

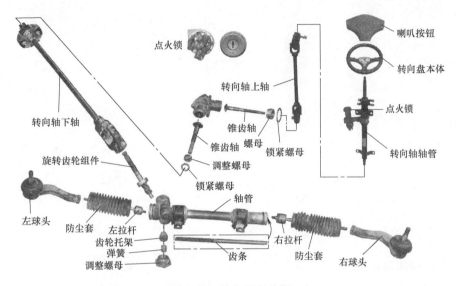

图 4-42 转向系统分解

30mm。如果自由行程大于标准值，应检查转向轴的连接部位和横拉杆球头的间隙。

2. 转向盘松动和摆动情况的检查

用两手握住转向盘，轴向和垂直地移动转向盘，确保其没有松动；同时，两手握住转向盘，向两侧移动转向盘，确保其没有摆动，如图 4-44 所示。

图 4-43 转向盘自由行程的检查

图 4-44 转向盘松动和摆动情况的检查

3. 点火开关处于 ACC 位置时状态的检查

将点火开关转动到 ACC 位置时，转向盘应不锁定并且可以自由转动，只有钥匙在 LOCK 位置时转向盘才会锁止。普通钥匙点火开关各档位的功能如图 4-45 所示。

4. 检查转向盘自动回位

1) 检查转向盘回正力时 （图 4-46），无论转向盘转动得快或慢，左右两侧的回正力都应相同。

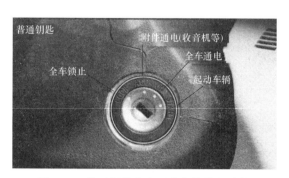

图 4-45　普通钥匙点火开关各档位的功能

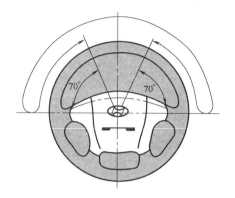

图 4-46　检查转向盘回正力

2) 车速达到 23~30km/h 时打转向盘 90°，保持 1~2s 后，放松转向盘应回到 70°以上位置。如果快速转动转向盘时，可能在瞬间感到转向盘沉重，这不属于故障。

二、动力转向油的检查及更换

1. 动力转向油液位的检查

将汽车停放在平坦地面，调整转向盘，使前车轮处于直线行驶状态。

1) 起动发动机，在空档状态下转动转向盘数次，使转向油温上升到 50~60℃。

2) 在发动机怠速状态下数次转动转向盘至左、右极限位置。

3) 检查储油罐的转向油是否有泡沫或混浊。

4) 检查发动机起动后和停止后的储油罐液面之差。如图 4-47 所示，正常液位应处于上刻度线（MAX）与下刻度线（MIN）之间。若液面高于 MAX 刻线时，应用吸管将多余油液吸出；若液面低于 MIN 刻线时，确认系统无泄漏时，应及时添加。

图 4-47　动力转向油液位检查

2. 动力转向油的添加

将汽车停放在水平地面上，保证前转向轮处于直线行驶位置状态，旋开动力转向油储油罐盖，在加注口周围铺好干净的抹布，添加动力转向油（图4-48），使液位处于规定要求。

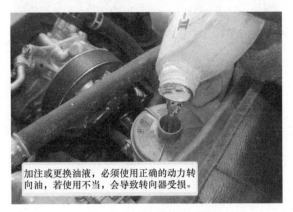

加注或更换油液，必须使用正确的动力转向油，若使用不当，会导致转向器受损。

图 4-48　动力转向油液的添加

图 4-49　一汽-大众规定使用的动力转向油

3. 更换动力转向油的注意事项

1）动力转向油有一定的腐蚀性。

2）在添加或更换动力转向油时，要使用规定的动力转向油（图4-49）。如果使用另一种类型的动力转向油，可能导致磨损加剧、低温状态转向不良。

4. 动力转向油的更换

如果动力转向油出现变白、浑浊或气泡等现象，应及时更换。排除系统内的动力转向油可用吸管将储液罐内的动力转向油吸出，放置在专门的容器内。

1）举升汽车至合适位置，用鲤鱼钳将转向器回油管卡箍脱离压紧部位（图4-50），接油容器置于油泵下方。

2）拉出回油管，将动力转向油接入接油容器中。排净后，用软管一头连接回油管，另一头连接接油容器（图4-51）。

3）起动发动机并怠速运转，反复地左右转动转向盘至极限位置，使转向系统内的动力转向油注入到接油容器中（图4-51）。

4）当无动力转向油排出时，重新连接回油管至储液罐，停止发动机运转，并将转向盘回位到中间位置。

5）使用动力转向油填充储液罐，反复地左右转动转向盘至极限位置，直到转向盘回位到中间位置。

6）使液位达到规定位置，并给动力转向系统放气。

5. 液压动力转向系统放气

1）使用动力转向油补充液位至储液罐MAX标记位置。

2）将车举升至一定高度，通过快速将点火开关从"ON"位置转到"START"位置来转动发动机一两次，但不起动发动机。

3）将转向盘从左极限位置转到右极限位置五六次，持续15s左右。

4）起动发动机并保持转向盘转动从左锁止至右锁止位置，直到发动机怠速状态下储液罐内停止出现气泡为止，排气过程结束。

图 4-50　拆卸动力转向油管

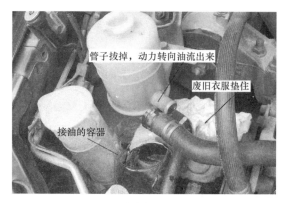

图 4-51　动力转向油的排放

如果液位低于规定要求，则应添加动力转向油。

三、液压动力转向系统的密封性检查

动力转向系统密封性的检查应在热车时进行。检查按以下步骤进行：

1）将转向盘快速向左、右两侧转至极限位置，并保持不动，此时可使系统内压力达到最大值。

2）目测检查转向控制阀、齿条密封、叶片泵（转向助力泵）。如图 4-52 所示，检查管路接头是否有漏液现象，如有渗漏则应更换密封件。

3）检查储液罐中是否缺少转向液，如缺少应检查动力转向系统的密封性是否完好。

4）如图 4-53 所示，如果动力转向器壳体中的齿轮齿条密封件不密封，动力转向液可能流入波纹管套里，此时，应拆开转向机构，更换所有密封环。

图 4-52　动力转向泵渗漏检查

5）如图 4-54 所示，检查动力转向系统的管路接头处是否有渗漏现象，如有应查明原因并重新接好。

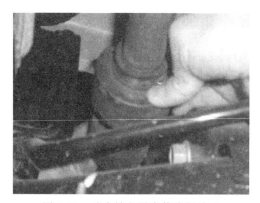

图 4-53　动力转向器壳体渗漏检查

图 4-54　连接部位渗漏检查

四、转向角度的检查

1）将前轮置于转角盘上，如图 4-55 所示，检查车轮转向角。最大转向时，内侧车轮转向角标准值为 40.7°±2°，外侧车轮转向角标准值为 32.4°。

2）若超出标准值，进行调整后再测量转向角。

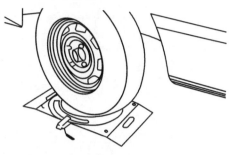

图 4-55　测量转向角

第六节　制动系统的维护保养

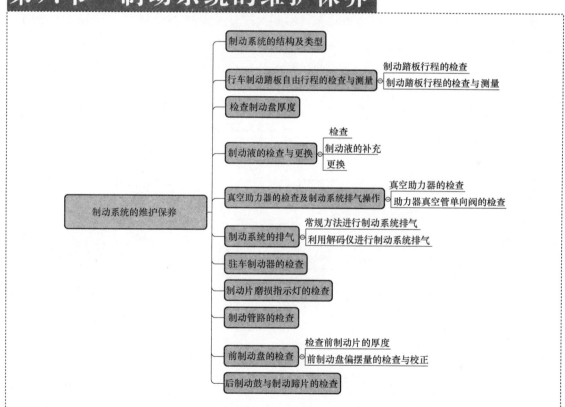

汽车制动系统是汽车安全行驶的保障。在宽阔平坦，车流、人流少的路况中，在保证安全行驶的前提下，可以提高汽车行驶速度，从而提高运输效率和经济效益；在进入弯道、路面不平、两车交会，遇到障碍物时，汽车应在尽可能短的距离内降低车速或停车；在长下坡

时，要求能将车速控制在安全范围内；对停驶的车辆，特别是在坡道上停驶的车辆，要保证驻留原地不动。制动系统在汽车上的分布如图 4-56 所示。

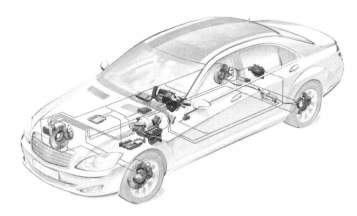

图 4-56　制动系统在汽车上的分布

一、制动系统的结构及类型

汽车制动系统都包括行车制动和驻车制动两大部分，如图 4-57 所示。行车制动系统用于行驶中的车辆减速或停车，通常由驾驶人用脚操纵，一般包含制动踏板、制动主缸、制动轮缸、制动管路、车轮制动器等；驻车制动系统用于停驶的汽车驻留原地，通常由驾驶人用手操纵，一般包含制动手柄、拉索（或拉杆）、制动器。另外，较为完善的制动系统还包括制动力调节装置以及报警装置、压力保护装置等。制动系统示意如图 4-58 所示。

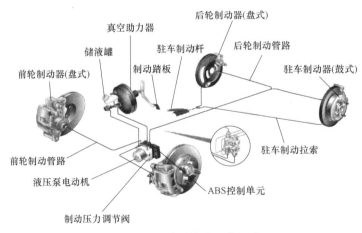

图 4-57　制动系统的基本组成

盘式制动器（图 4-59）的旋转元件是制动盘，与车轮固装在一起旋转。制动时，摩擦衬块从两侧夹紧制动盘，产生制动效能。常用的盘式制动器有钳盘式和全盘式两种。两者的旋转零件都是作为工作面的金属盘，称为制动盘。钳盘式制动器不动的摩擦元件是带有一对或几对面积不大的摩擦衬片的制动钳；全盘式制动器不动的摩擦元件是端面上带有摩擦衬片的钢制圆盘。

鼓式制动器（图 4-60）主要由制动轮缸、制动蹄、制动鼓、支承销等组成。鼓式制动

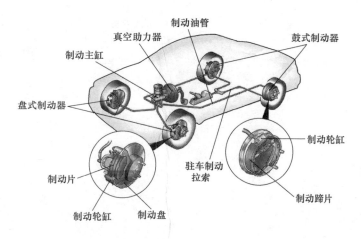

图 4-58　制动系统示意图

器应用在汽车上面已经有近一个世纪的历史了，但是由于它的可靠性以及强大的制动力，使得鼓式制动器现在仍配置在许多车型上（多使用于后轮）。

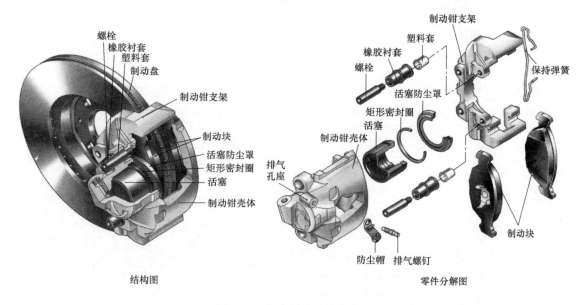

结构图　　　　　　　　　　　　　零件分解图

图 4-59　盘式制动器的分解图

二、行车制动踏板自由行程的检查与测量

1. 制动踏板行程的检查

关闭发动机后踩几次制动踏板，检查制动踏板是否出现变形等损伤。踩下制动踏板数次，释放真空助力器中残余的真空度。通过踩踏制动踏板检查踏板是否反应灵敏、无异常噪声及过度松动等。

关闭发动机踩几次制动踏板，然后用手下压制动踏板，有阻力时制动踏板移动的距离即为自由行程，如图 4-61 所示。

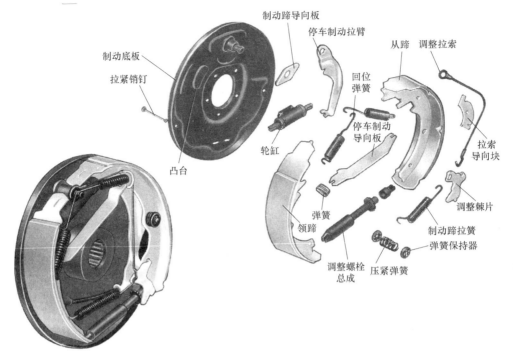

图 4-60　鼓式制动器的结构

2. 制动踏板行程的检查与测量

制动踏板自由行程的测量检查步骤为：

1）拧松制动灯开关螺母，调整制动灯开关与制动踏板间隙，规定间隙为 0.5～1.0mm，然后拧紧制动灯开关自锁螺母。

2）起动发动机，用 500N 的力踩制动踏板，测量制动踏板与地板之间的距离 C，规定值为 75mm 或以上，如图 4-62 所示。

3）使用金属直尺测量制动踏板高度。测量时，将金属直尺垂直于地板面，观察制动踏板上平面在金属直尺上的对应数值，该数值即为制动踏板高度，如图 4-63 所示。制动踏板高度标准值是 174.3mm。

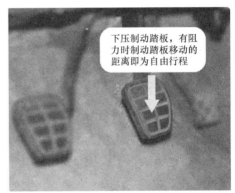

图 4-61　制动踏板的自由行程

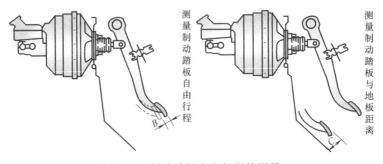

图 4-62　制动踏板自由行程的测量

注意：若制动踏板高度不在规定范围内，将会直接影响制动系统的制动力。

4）检查制动踏板自由行程 B，规定自由行程为 3~5mm，如图 4-62 所示。

5）使用金属直尺测量制动踏板自由行程。测量时，将金属直尺保持与地板垂直，制动踏板处于自然状态，确认此时的制动踏板高度值后，用手稍用力下压制动踏板，当感觉阻力增大时，停止下压，观察制动踏板上平面在金属直尺上对应的数值，计算得出的两个数据的差值即为制动踏板自由行程，如图 4-64 所示。制动踏板自由行程标准值为 3~8mm。

图 4-63　制动踏板高度的测量

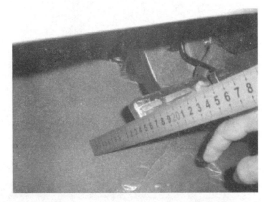

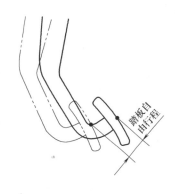

图 4-64　制动踏板自由行程的测量

注意：如果测量数值不在规定范围内，将会影响制动系统正常工作性能。如果测量值过大，系统产生的制动力变小，汽车的制动距离增加；如果测量值过小，会出现制动拖滞，导致制动器过热，制动效能下降。

6）使用金属直尺测量制动踏板行程。起动发动机并怠速运转，测量时，首先将金属直尺垂直于地板，然后确认制动踏板自由状态下的高度值，用力踩下制动踏板至止动位置，观察此时金属直尺上对应的制动踏板高度，两高度值之差即为制动踏板行程，如图 4-65 所示。

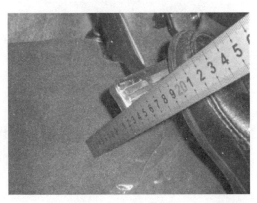

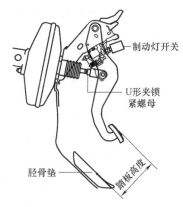

制动灯开关

U形夹锁紧螺母

胫骨垫

踏板高度

图 4-65　制动踏板行程的测量

制动踏板行程标准值为 135mm。

注意：如果制动踏板行程大于规定值应检查制动系统是否泄漏、储油罐中液面是否正常、制动蹄是否磨损过度、制动系统内是否存留空气等。

7）制动踏板高度调整。分离制动开关插接器，拧松制动开关的锁紧螺母 A，拧松制动开关 B，直到它不再接触制动踏板为止。拧松推杆的锁紧螺母 A，用钳子向内、外扭转推杆，直到制动踏板距离地面的高度达到标准值为止。调整后，牢固地拧紧锁紧螺母。压下推杆时，禁止调整制动踏板高度，如图 4-66 所示。

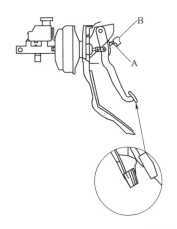
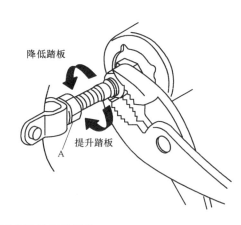

图 4-66　制动踏板高度调整

三、检查制动盘厚度

1）卸下车轮及卡钳，但不能将制动软管从卡钳上取下。

2）检查盘式制动片及制动盘有无过度磨损、损坏，如图 4-67 所示。必要时，应更换。卡钳销螺栓的拧紧力矩应满足技术要求。

3）距制动盘端面外边缘 10mm 位置，沿圆周 8 个等分点处，用千分尺测量制动盘厚度（图 4-68）。制动盘厚度标准值为 24.5mm，极限值为 22.4mm，8 个测量值中厚度之差不能大于 0.005mm。

图 4-67　检测制动盘的磨损情况

4）若制动盘厚度超过极限，必须更换制动盘。如果厚度之差超过规定值，应更换制动盘或车削制动盘。

注意：当脚踩制动踏板时，如果前制动器发出噪声，则应检查制动摩擦衬片是否磨损。如已磨损，左、右制动片均应更换。

四、制动液的检查与更换

应定期检查制动液储液罐内的制动液量（图 4-69）。液面应在制动液储液罐侧面 MAX

与 MIN 标记之间。若液面低于 MIN 标记，则需补充制动液。

图 4-68　制动盘厚度的测量

1. 检查

1）如图 4-70 所示，检查制动主缸与储液罐周围有无泄漏。如发生泄漏，应立即维修。

2）检查液位。如果液位低于储液罐最低液位，应用规定的制动液加注。

注意：由于汽车在出厂前就加注了制动液，并在储液罐盖上已注明，如再加注时，应使用同样的制动液，否则会发生严重的损坏。不能使用过期的、用过的制动液或未装在密封容器内的制动液。

图 4-69　制动液液位的检查

图 4-70　制动主缸与储液罐周围检查

2. 制动液的补充

1）擦净周围的污物后，打开制动液储液罐盖。

2）慢慢倒入推荐的制动液，切勿超量倒入。

3）拧紧制动液储液罐盖。

3. 更换

将制动系统内现存的制动液完全排尽，将符合要求的制动液加注进来，然后进行排气操作，如图 4-71 所示。

警告：制动液进入眼中会导致严重伤害。制动液能损坏漆面，所以在制动液沾到车体漆面上时应即刻擦拭。

注意：

1）如果制动液总是不足，应检查制动系统是否异常，如发现异常情况应到特约销售服务店和特约服务站检查并进行维修。

2）如果使用不纯净的制动液或混合使用不同的制动液，会对系统产生很大的影响，所以使用时应注意。

3）制动液应保存在密封容器内，防止湿气和灰尘进入制动液内造成制动系统损坏和工作不良。

4）补充制动液后应盖好制动液储液罐盖，以防止制动液流出。如果发现制动液流出应立即擦掉，否则会损坏塑料制品部件。

5）注意避免制动液溅洒到车体的喷漆表面上。

6）长时间与大气接触的制动液品质不能保证，所以不能使用。

图 4-71　制动液补充与更换

五、真空助力器的检查及制动系统排气操作

1. 真空助力器的检查

真空助力器失效后，驾驶人会感到制动效能下降，在踩踏制动踏板时，会感到发硬，阻力明显加大，这时应及时更换助力器总成。检查真空助力器（图 4-72）的好坏可按以下快捷方法进行判断。

1）起动发动机并运转 1~2min 后停止运转。如果制动踏板第一次可以完全踩下，但接下来踩时，每次制动踏板的高度逐渐上升，说明真空助力器正常；如果制动踏板高度无变化，说明真空助力器已坏。

2）在发动机停止运转状态下，踩数次制动踏板，然后在踩下制动踏板的状态下，起动发动机。这时，如果制动踏板稍微向下移动，说明真空助力器工作正常；如果没有变化，说明已经损坏。

3）发动机运转状态下，踩下制动踏板后使发动机熄火，踩下制动踏板 30s。如果制动踏板高度不变化，说明助力器处于良好状态。

2. 助力器真空管单向阀的检查

如图 4-73 所示，真空助力器单向阀装在真空罐内，如果单向阀失效，驾驶人会感到制动踏板发硬，有踩不到底的感觉，且伴随制动性能明显下降。检查单向阀时，按阀体上的箭头方向吹压缩空气，应能通过；反向则不通过。也可用嘴吸法检验其单向通过性。单向阀密封不良时，应更换真空管总成。

六、制动系统的排气

1. 常规方法进行制动系统排气

1）拧下制动液罐盖，加满制动液，如图

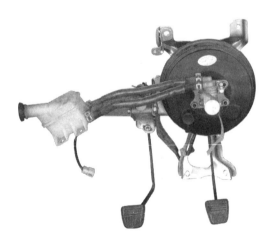

图 4-72　真空助力器总成

4-74 所示，注意勿将制动液滴在车身上，如油漆沾上制动液应立即清洗干净，以免腐蚀油漆。

图 4-73　助力器真空管单向阀的检查

图 4-74　制动液的添加

2）按照图 4-75 所示的顺序对各车轮轮缸排气，先远后近。

3）如图 4-76 所示，在制动轮缸排气孔上插上软管，将另一端插入容器中。

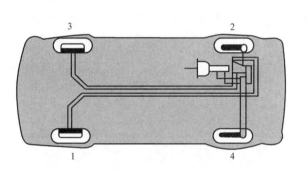

图 4-75　制动轮缸的排气顺序

图 4-76　制动轮缸的排气

4）一名操作者在车上踩若干次制动踏板。

5）在踩住制动踏板的情况下，另一名操作者拧松排气螺塞，直到流出制动液时再拧紧，然后抬开制动踏板。

6）重复进行第 4）、5）步，直到排气孔中无气泡流出，按规定力矩（7～13N·m）拧紧排气螺塞。

2. 利用解码仪进行制动系统排气

1）关闭点火开关，将解码仪与汽车诊断插座连接好。

2）将汽车举升至离地约 30cm 处，将车轮拆卸下来。

将点火开关置于 ON 位置，开启解码仪，进入相应的操作界面并选择制动控制项目，选定后按下确认键；进入该项目后，再选择"给 HCU 放气"项目，如图 4-77 所示。

3）选定"给 HCU 放气"项目并按下确认键后，界面弹出做该项目的基本要求，如图4-78 所示。

4）然后维修技师甲坐在车内，关好车门，摇下车窗；同时，维修技师乙将汽车举升至适当高度，将举升机安全锁止后，进到汽车下方。

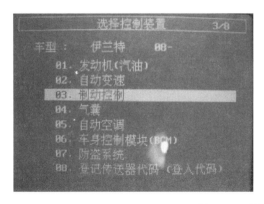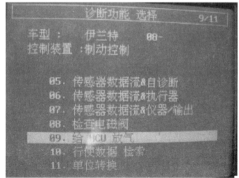

图 4-77 菜单选择项目

5）维修技师乙同时分离制动轮缸的放气阀与防尘帽，并在放气阀上接入一段塑料软管，软管另一头置入接油容器中，用扳手套在放气阀的锁止螺母上。

6）当维修技师甲踩下制动踏板时（踩到底，不放），同时按下解码仪的确认键。当制动踏板踩到底时，维修技师乙便拧松放气阀上的锁止螺母，进行放气。约 3s 后，维修技师甲感到制动踏板有向上顶的感觉时，应让维修技师乙停止放气。如此反复进行，直到接油容器中不再有气泡出现为止。排气顺序按右后、左前、左后、右前车轮进行，如图 4-79 所示。

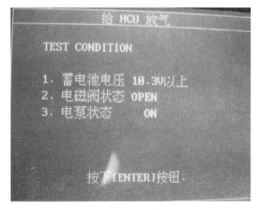

图 4-78　检查测试条件情况　　　　　图 4-79　解码仪进行排气

注意：

1）利用解码仪进行排气时，应按规定要求进行操作。

2）每次选定"给 HCU 放气"项目并按下确认键后，解码仪反复驱动 HCU 的电动机工作约 1min。当需要多次选择"给 HCU 放气"项目时，应在每次之间适当等待一段时间，以防止 HCU 的电动机过热损坏。

七、驻车制动器的检查

1）目视检查驻车制动操纵杆，应无变形损伤，如图 4-80 所示。

2）将点火开关置于 ON 位置，拉起驻车制动操纵杆时，仪表板上驻车制动警告灯应亮起；放下驻车制动操纵杆时，警告灯应熄灭，如图 4-81 所示。

图 4-80 驻车制动操纵杆的基本检查

驻车制动警告灯 ←—— (!)

图 4-81 驻车制动警告灯

3）检查驻车制动器的预定行程。如图 4-82 所示，用大约 197N 的力缓慢地拉起驻车制动操纵杆，驻车制动操纵杆行程应在预定的槽数内（拉动时可以听到咔哒声）。标准响声是 6~8 响。

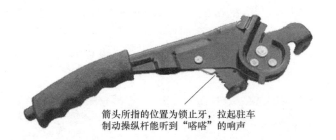

箭头所指的位置为锁止牙，拉起驻车制动操纵杆能听到"嗒嗒"的响声

图 4-82 驻车制动器的结构

4）检查驻车制动器棘爪的锁定性能。将变速杆挂入空档位置，然后将汽车举起离地一定的高度（不低于 20cm），拉起驻车制动操纵杆，然后转动两后车轮。后车轮无法转动时，棘爪锁止功能可靠，如图 4-83 所示。

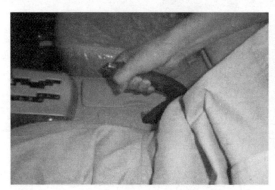

图 4-83 检查驻车制动器棘爪的锁定性能

5）检查驻车制动器解除锁定性能。按下操纵杆前端按钮，操纵杆能快速复位时，按钮性能正常。同时，转动两后车轮，后车轮应转动灵活，如图 4-84 所示。

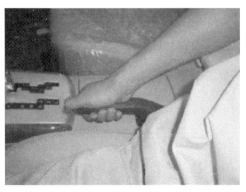

图 4-84　检查驻车制动器解除锁定性能

八、制动片磨损指示灯的检查

　　有些车的制动片装有磨损传感器，在制动片磨损到一定程度后就会触发制动片磨损指示灯（图 4-85），提示车主及时更换制动片，控制制动片磨损指示灯亮的是安装在制动片上的制动片磨损传感器（图 4-86、图 4-87）。和油量表一样，制动片磨损传感器也是留有一定余量的，故障灯亮后并不会立即影响制动系统正常动作，可以自行将车开至 4S 店进行检修和更换即可。

图 4-85　制动片磨损指示灯

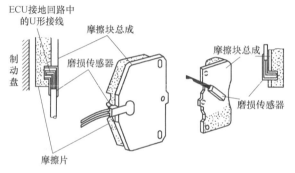

图 4-86　制动片磨损传感器安装位置

图 4-87　带磨损报警的制动片

九、制动管路的检查

制动主缸形式为双活塞串联式，与轮缸 X 形（对角线）连接，图 4-88 所示为不带 ABS 的制动管路图和带 ABS 的制动管路图。

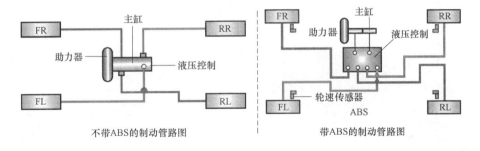

图 4-88　制动管路图

1）检查制动管是否裂开、折叠和腐蚀。

2）检查制动软管是否裂开、损伤或漏气，如图 4-89 所示。

图 4-89　制动管路的检查与维护

3）检查制动软管连接螺母是否损伤或漏气。

4）检查所有管夹是否夹紧，接头有无泄漏。

5）安装制动软管，不允许扭曲。

6）制动管不要与焊点或移动部件接触。

7）按规定力矩拧紧制动管接头，其中，喇叭口螺母拧紧力矩为 $13\sim18N\cdot m$，制动管与前制动轮缸拧紧力矩为 $25\sim30N\cdot m$。

注意：更换任何制动管和软管后，必须进行排气操作。

十、前制动盘的检查

1. 检查前制动片的厚度

1）拆下车轮。

2）从轮缸检查孔查看摩擦片厚度，标准值（不包括制动片钢板）为 10.75mm，极限值为 9.5mm。前制动片的结构如图 4-90 所示。

2. 前制动盘偏摆量的检查与校正

（1）检查前制动盘厚度 如图 4-91 所示，使用千分尺测量前制动盘的厚度，丰田汉兰达车型标准厚度为 28.0mm，最小厚度为 25.0mm，如果制动盘厚度小于最小值，则更换前制动盘。

图 4-90　前盘式制动器制动片

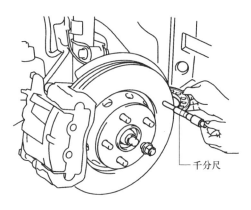

图 4-91　用千分尺检查前制动盘厚度

（2）检查前制动盘偏摆量

1）拆卸制动钳支撑螺栓，然后向上提起制动钳总成。

2）检查制动盘表面是否有凹槽、裂纹和生锈，清洁制动盘，去除所有灰尘。

3）在离制动盘端面外缘大约 5mm 处，放置百分表顶尖，如图 4-92 所示。转动制动盘，测量端面摆动量，极限值是 0.03mm。测量时要拧紧制动盘与轮毂连接的螺母，以保证测量准确。

（3）校正前制动盘偏摆量

1）如果制动盘轴向圆跳动量超过极限值，可进行校正。

2）在拆卸制动盘之前，用粉笔在最大摆动处做记号，如图 4-93 所示。

3）拆下制动盘后，在轮毂上放置百分表，边转动边沿轴向方向移动轮毂，测量轮毂轴向圆跳动量（图 4-94），极限值是 0.02mm，若超过极限值应拆下轮毂检查每个零件。

图 4-92　利用百分表测量制动盘偏摆量

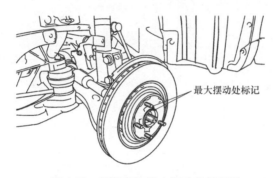

图 4-93　用粉笔在最大摆动处做记号

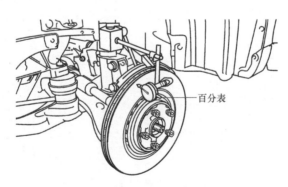

图 4-94　测量轮毂轴向圆跳动量

4）若轮毂摆动量在极限之内，可将制动盘的标记转过 180°进行安装，然后再测量制动盘的轴向圆跳动量。

5）如果摆动量仍不合格，应更换制动盘或车削制动盘。

十一、后制动鼓与制动蹄片的检查

1）卸下车轮与制动鼓。

2）检查后制动鼓与制动器摩擦面有无过度磨损、损坏。在卸下车轮与制动鼓的同时，

应检查制动轮缸有无泄漏。必要时，应更换。制动鼓内径标准值为 180mm，极限值为
181mm；制动蹄片厚度极限值为 2.5mm（图 4-95）。

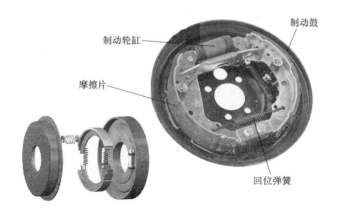

图 4-95　鼓式制动器结构

第五章
Chapter 5

汽车电气设备的维护保养

汽车电气设备是汽车的重要组成部分，其性能的好坏直接影响到汽车的动力性、经济性、可靠性、安全性、排气净化及舒适性。例如：为使汽车发动机获得最高的经济性，需靠点火系统在最适当的时间点火；为使发动机可靠起动，需采用电动起动机；为保证汽车工作可靠、行驶安全，则依赖于各种指示仪表、信号和照明装置等电器的正常工作。

现代汽车上所装用的电气与电子设备的种类和数量很多，但总的来说可以分为三大部分，即电源、用电设备以及全车电路和配电装置。汽车上常用电气设备如图 5-1 所示。

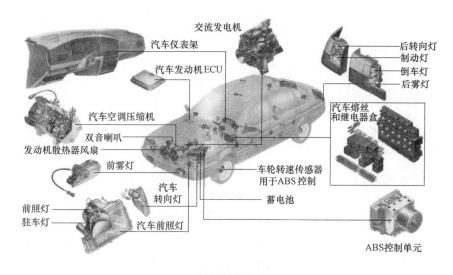

图 5-1　汽车上常用电气设备

第一节　蓄电池的维护保养

蓄电池的维护保养
- 蓄电池技术状况的检查
  - 电解液液面高度的检查
  - 电解液密度的检查
  - 蓄电池的性能及放电程度的检查
  - 用蓄电池技术状态指示器观察蓄电池存电情况
- 蓄电池的使用
  - 蓄电池在使用中应注意"三抓"和"五防"
  - 蓄电池的安装与拆卸
- 蓄电池的充电
  - 蓄电池极柱极性的识别
  - 蓄电池充电作业方法
  - 蓄电池充电的注意事项

蓄电池（图 5-2）是汽车的重要电气设备，其性能的好坏将直接影响车辆是否能够正常运行。因此，在日常的运输、存储、更换等过程中，都要采取正确的维护和使用方法。蓄电池在汽车上的安装位置如图 5-3 所示。

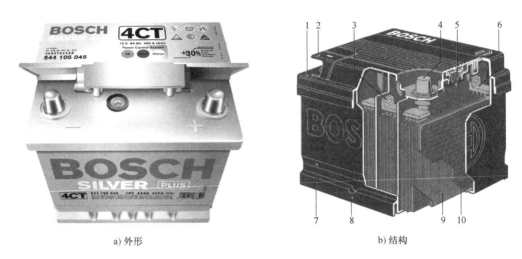

a) 外形   b) 结构

图 5-2　免维护蓄电池

1—蓄电池盖　2—极柱盖　3—单格电池插接器　4—极柱　5—（出气）缝隙　6—极板连接条　7—壳体
8—底部安装轨　9—塑料隔板及置于其中的正极板　10—负极板

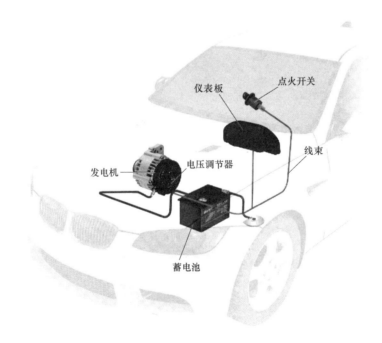

图 5-3　蓄电池在汽车上的安装位置

一、蓄电池技术状况的检查

汽车每行驶 1000km，或冬季 10~15 天，夏季 5~6 天，为了及时发现蓄电池使用中的内在故障，应对蓄电池进行检查。

1. 电解液液面高度的检查

（1）玻璃管测量法　如图 5-4 所示，电解液液面高度可以用玻璃管测量，将内径为 5~6mm 的玻璃管从蓄电池的加液口插入，直至压到防护板，顶住极板组为止，然后用大拇指堵住玻璃管的上口提出，如果玻璃管下端液柱长度为 10~15mm，说明电解液的液面符合要求。

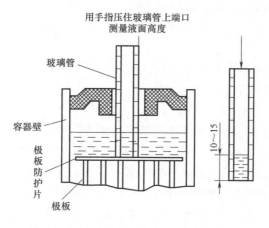

图 5-4　用玻璃管测量电解液液面高度

（2）观察液面高度指示线法　使用透明塑料壳体的蓄电池，在壳体上标有两条高度指示线，如图 5-5、图 5-6 所示。正常电解液液面介于两线之间，最好要常维持在最高线，以免液面过低露出蓄电池的极板造成硫化，液面过低时加入蓄电池补充液补充。

（3）通过加液孔观察液面高低　从加液孔（电眼）观察判断液面高度，如图 5-7 所示。加液孔下缘形成中央小圈时为合格，形成大圈时为

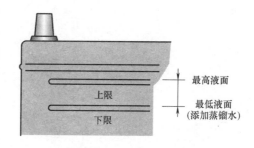

图 5-5　液面上限、下限标记

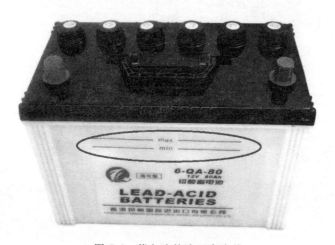

图 5-6　蓄电池的液面高度线

123

液面过低。若电解液不足，一般应及时添加蒸馏水。若液面降低，且确系溅出或倾倒造成，应补加相对密度的电解液并充电调整。

2. 电解液密度的检查

在标准的电解液密度下，通过测量电解液的密度就可以大致判断蓄电池的放电程度。电解液的密度可用专用的吸式电液密度计测量，如图5-8所示。

测量时先将密度计下部的橡皮吸管插入蓄电池的单格电池内，用手捏一下橡皮球，然后慢慢松开，电解液就被吸入玻璃管中，

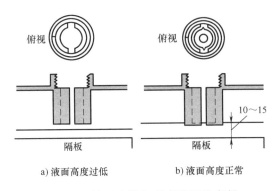

a) 液面高度过低   b) 液面高度正常

图 5-7   从"电眼"观察液面的高低

此时密度计的浮子浮起，其上刻有读数，浮子与液面（凹面）相平行的读数就是该电解液的密度。如图5-9所示，多数电液密度计密度标注的范围为1.10～1.30并分为红、黄、绿三个标志区域：1.10～1.15为红色区域，如电解液的实际密度在此区域内则说明蓄电池已亏电；1.15～1.25为绿色区域，如电解液的实际密度在此区域内则说明蓄电池存电正常；1.25～1.30为黄色区域，如电解液的实际密度在此区域内则说明蓄电池电解液的密度过大，应进行调整。

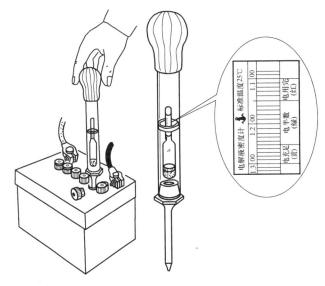

图 5-8   测量电解液的相对密度

图 5-9   电液密度计密度标注红、黄、绿标志区域

3. 蓄电池的性能及放电程度的检查

（1）用高率放电计（蓄电池测试仪）测量蓄电池的放电程度　高率放电计是模拟接入起动机的负荷，测量蓄电池在大电流（接近起动机的起动电流）放电时的端电压，用以判断蓄电池的放电程度和起动能力。现在常用的整体式高率放电计（图5-10），用以测量干荷电或免维护等新型蓄电池的性能。不同型号的蓄电池测试仪使用较广。下面以整体式高率放电计为例说明其检查方法。

整体式高率放电计由一个20V的电压表和一个定值的负载电阻（阻值较小，依靠电流的热效应工作）组成。测量前保证蓄电池要在充足电的状态，否则不能正确判断蓄电池的性能好坏，同时认清高率放电计和蓄电池的极性。测量时应将两叉尖紧压在蓄电池的正负极柱上，如图5-10所示。每次测量时间为20s，同时观察大负荷放电情况下蓄电池所能保持的端电压。进行三次测量，每次间隔3min，以第三次测得的数据为准，依据测量结果进行判断：端电压小于9.0V，说明蓄电池有故障；端电压在9.0～11.5V，说明蓄电池性能较好；端电压大于11.5V，说明蓄电池性能良好。

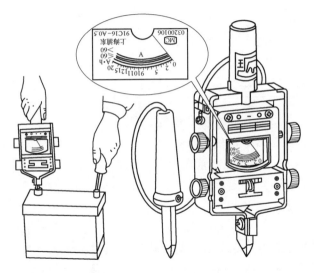

图5-10　高率放电计的结构

不同厂家的高率放电计，负荷电阻值不同，放电电流和电压表读数也就不同。使用时应参照原厂说明书规定。

（2）就车进行起动机的起动检查　蓄电池存电状况检查最直观的方法是就车起动检查，检查前应首先确定起动机及其接线的完好性，并将蓄电池充足电。起动时，拔下分电器中央高压线并搭铁，将万用表接在蓄电池正负极柱上，测量蓄电池电压，一般应不低于9.6V。起动时如能顺利起动，说明蓄电池的技术状态良好，如起动困难或起动机不转，说明蓄电池性能不良。

（3）蓄电池开路电压的测量　开路电压用来确定蓄电池的充电状态。检测时，蓄电池必须是稳定的，若蓄电池刚补充完电，至少应等待10min，让蓄电池的电压稳定后，再进行测量。如图5-11所示，测量时把电压表接在蓄电池两极柱上，跨接时应认准极性。测量开路电压，读数要精确到0.1V。

一般来说蓄电池在25℃时处于较佳状态的读数应为12.6V左右，若充电状态达75%或

75%以上，就可认为蓄电池充足了电，其对应关系见表5-1。

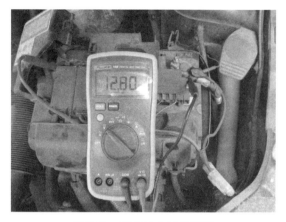

图 5-11 蓄电池电压的测量

图 5-12 蓄电池技术状态指示器的安装位置

表 5-1 开路电压的检测结果表明充电状态

开路电压/V	充电状态	开路电压/V	充电状态
≥12.6	100%	12.0~12.2	25%~50%
12.4~12.6	70%~100%	11.7~12.0	0~25%
12.2~12.4	50%~75%	≤11.7	0

注意：如果汽车有许多常接蓄电池的电气设备，如计算机、时钟、存储式收音机等，在读取电压表读数之间应脱开蓄电池的负极电缆。

4. 用蓄电池技术状态指示器观察蓄电池存电情况

目前，装备全密封型免维护蓄电池的小轿车越来越多，由于这种蓄电池盖上没有设加液孔，不能用密度计测量电解液的相对密度，为此在这种免维护蓄电池盖上设有一个蓄电池技术状态指示器，在蓄电池上的安装位置如图5-12所示。蓄电池技术状态指示器用来指示蓄电池的技术状况，结构如图5-13a所示。蓄电池技术状态指示器又称为内装式密度计，由透

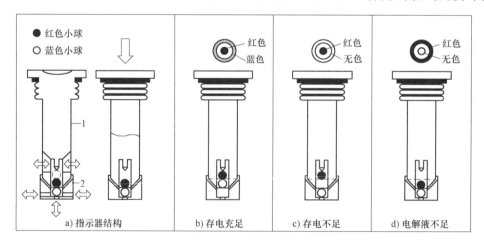

图 5-13 蓄电池技术状态指示器结构原理

1—透明塑料管 2—指示器底座

明塑料管、底座和两只小球（一只为红色、另一只为蓝色）组成，借助于螺纹安装在蓄电池盖上，两只颜色不同的小球安放在塑料管与底座之间的中心孔中，红色小球在上，蓝色小球在下。由于两只小球是由密度不同的材料制成的，因此可随电解液密度变化而上下浮动。

蓄电池技术状态指示器是根据光学折射原理来反映蓄电池技术状态的。当蓄电池存电充足，电解液密度大于 $1.22g/cm^3$ 时，两只小球向上浮动到极限位置，经过光线折射小球的颜色，从指示器顶部观察到的结果如图5-13b、图5-14 所示，中心呈红色圆点，周围呈蓝色圆环，表示蓄电池技术状态良好，英文标示为"OK"。

当蓄电池存电不足、电解液密度过低时，蓝色小球下移到极限位置，观察结果如图5-13c、图 5-14 所示，中心呈红色圆点、周围呈无色透明圆环，表示蓄电池存电不足，应及时补充充电，英文标示为"Charging necessary"。

当电解液液面过低时，两只小球都将下移到极限位置，观察结果如图 5-13d、图 5-14 所示，中心呈无色透明圆点，周围呈红色圆环，表示电解液不足，蓄电池无法继续使用，必须更换蓄电池。如果这种指示器安装在干荷电蓄电池上，则表示必须添加蒸馏水，英文标示为"Add distilled water"。

电解液不足　存电充足　存电不足

图 5-14　蓄电池技术状态指示器的显示情况

二、蓄电池的使用

1. 蓄电池在使用中应注意"三抓"和"五防"

（1）三抓　抓及时、正确充电。放完电的蓄电池应在 24h 内送充电间进行充电；装车使用的蓄电池每两个月应补充充电一次；带电解液存放的蓄电池每两个月应补充充电一次。

抓正确操作。不连续使用起动机，每次起动时间不超过 5s，两次使用起动机应间隔 15s；冬季冷车起动之前，应先空转发动机数次，并应预热发动机；安装、搬运蓄电池应轻搬轻放，不可敲打或在地上拖曳，蓄电池在车上应固定牢固。

抓清洁保养。如图 5-15 所示，经常清除蓄电池表面的灰尘污物；电解液洒在电池表面时，应用抹布蘸苏打水或碱水擦净；极柱和电线头上出现氧化物，应予清除；经常疏通通气孔。如图 5-16 所示，车辆超过一个月不使用，将蓄电池的负极接线拆掉，以免蓄电池放电过多，导致亏电而无法使用。

（2）五防　防止过充电或充电电流过大；防止过度放电；防止电解液液面过低；防止电解液密度过高；防止电解液内混入杂质。

2. 蓄电池的安装与拆卸

车用蓄电池内部电阻很小，一旦发生短路就会形成大电流放电，不仅损失电能，而且还有烧坏电缆或电器线束的危险。因此，在安装蓄电池时，应先连接正极电缆，后连接负极电缆。这是因为如果先连接负极电缆，那么，在连接正极电缆时，扳手万一搭铁就会导致蓄电

图 5-15　蓄电池表面清理

图 5-16　超过一个月不使用将蓄电池
负极接线拆掉

池短路放电。同理，在拆卸蓄电池时，应先拆卸负极电缆，后拆卸正极电缆。正确拆装顺序如图 5-17 所示。

图 5-17　蓄电池的正确拆装顺序

（1）蓄电池的安装　将蓄电池安装到汽车上时，应按下述程序进行。

1）检查蓄电池型号规格是否适合该型汽车使用。

2）检查电解液密度和液面高度是否符合技术要求，否则应予调整。

3）安装前视情况清理蓄电池极柱（图 5-18）。安装蓄电池时，根据正、负极柱和正、负电缆端子的相对位置，将蓄电池安放到固定架上（图 5-19）。

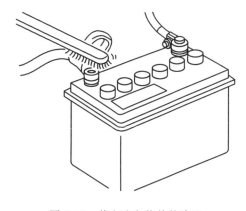
图 5-18　蓄电池安装前的清理

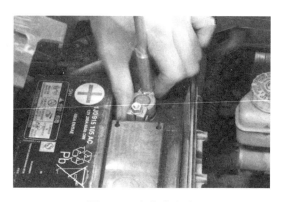
图 5-19　安装蓄电池

4）如图 5-20 所示，将正、负电缆端子分别与正、负极柱连接（注意：先连接正极电缆，后连接负极电缆）。

5）在正、负极柱及其电缆端子上涂抹一层润滑脂，以防极柱和端子氧化腐蚀。

6）安装固定夹板，拧紧夹板固定螺栓。

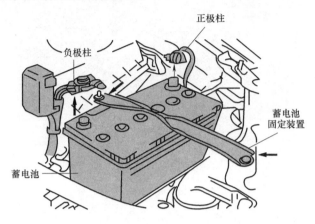

图 5-20　蓄电池

（2）电池的拆卸　从汽车上拆卸蓄电池时，应按下述程序进行。

从汽车上拆卸蓄电池时，应先拆搭铁电缆，后拆正极电缆。拆卸时，若发现蓄电池接线柱螺栓锈蚀难以取出，切勿用锤或钳敲打，以避免极桩断裂、极板活性物质脱落。可用热水冲洗后，拧开螺栓，用夹头拉器将夹头取下，如图 5-21 所示。取下电池时应小心轻放，尽量用电池提把进行，如图 5-22 所示。拆卸步骤如下。

1）将点火开关置于"断开（OFF）"位置（图 5-23）。

2）拆下蓄电池固定夹板的固定螺栓，取下固定夹板。

3）拧松蓄电池正、负极柱上的电缆接头固紧螺栓，取下电缆（注意：先拆卸负极电缆，后拆卸正极电缆）。

4）从汽车上取下蓄电池。

5）检查蓄电池壳体上有无裂纹和电解液渗漏痕迹，发现裂纹和渗漏应予更换蓄电池。

图 5-21　蓄电池极柱的拆卸及清理方法

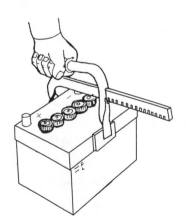

图 5-22　蓄电池的搬运方法

图 5-23　点火开关置于"（断开）OFF"位置

三、蓄电池的充电

1. 蓄电池极柱极性的识别

将蓄电池安装到汽车上使用时，需要将蓄电池的正极柱与通往起动机的电缆（即电源线电缆）连接，将蓄电池的负极柱与搭铁电缆（即搭铁线）连接。在蓄电池充电时，需要将蓄电池的正极柱与充电机的正极连接，将蓄电池的负极柱与充电机的负极连接。因此，必须正确识别蓄电池极柱的极性，才能正确连接蓄电池电路。在蓄电池正极柱上或正极柱周围的蓄电池盖上标有"＋"或"P"标记；在负极柱上或负极柱周围的蓄电池盖上标有"－"或"N"标记。对于使用一段时间后标记模糊不清难以辨别的蓄电池，可用下述方法进行判别。

1）观察极柱颜色进行判别。使用过的蓄电池，其正极柱呈深棕色，负极柱呈深灰色。

2）用直流电压表检测判别。将电压表连接蓄电池的正负极柱，按表针偏摆方向判断其正负极性。如表针正摆（即向右偏摆），则表的正极所连极柱为蓄电池正极；若表针反摆（即向左偏摆），则表的负极所连极柱为蓄电池正极。

3）用电解方法进行判别。将蓄电池的两个极柱各连接一根导线，并将导线的另一端分别插入电解液中（注意导线端头切勿相碰），此时导线周围产生气泡较多者所连极柱即为蓄电池负极。

4）极柱粗细方面判别。如图 5-24 所示，极柱较粗的为蓄电池的正极，极柱较细的为蓄电池的负极。

5）如图 5-25 所示，使用一段时间后极柱上会产生氧化物。产生绿色氧化物较多的是蓄电池的正极，较少的为负极。

6）根据蓄电池线所接的部件判别。如图 5-26 所示，正极接起动机的主接线柱，且正极一般有多根电源线引出，负极接车身或发动机的搭铁部位。

2. 蓄电池充电作业方法

目前较常用的充电机如图 5-27 所示。具体充电作业方法如下。

1）在将蓄电池与充电机连接之前，应将蓄电池极柱和表面清理干净，将液面高度调整至正常水平。

负极柱较细   正极柱较粗

图 5-24　蓄电池的极柱粗细不同

图 5-25　蓄电池正极柱氧化物较多

12V 70Ah 免维护

图 5-26　蓄电池正极连接多根电源线

2）按图 5-28 所示正确连接充电机和蓄电池。

注意：在从车上拆卸蓄电池接线时，一定要先拆卸蓄电池的负极接线，后拆蓄电池的正极接线，安装时要按照相反的顺序，否则将会造成事故（图5-29）。

3）将充电机上的电压调节旋钮调至最小位置。

4）打开交流电源开关。

5）打开充电机上的电源开关，调节电压旋钮，观察电流表读数，直到电流表读数指示出所确定的电流值为止（按照充电规范，确定充电电流大小）。

6）通过加液孔观察蓄电池的内部情况，用万用表测量蓄电池两端的电压，当有连续气泡冒出或连续3h 电压不变时，应立即停止充电。

图 5-27　常用充电机

7）停机时，必须先沿逆时针方向调节电流调节旋钮使电流表指针调至零位后，再切断电源开关使充电机停止工作。

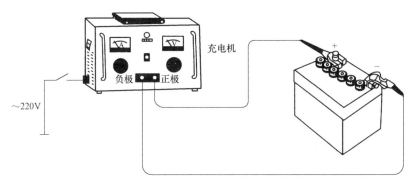

图 5-28 连接蓄电池与充电机

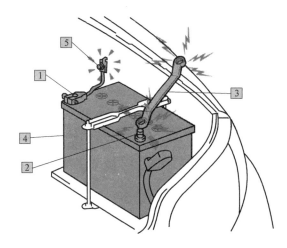

图 5-29 蓄电池接线的拆卸顺序
1—蓄电池负极（-）接线端子 2—蓄电池正极（+）
接线端子 3—工具 4—蓄电池 5—搭铁点

3. 蓄电池充电的注意事项

1）严格遵守各种充电方法的操作规范。

2）处于寒冷天气的蓄电池在充电之前需检查电解液是否结冰，不可对结冰的蓄电池进行充电，否则会引起爆炸。

3）补充充电前需检查电解液的液面高度，电解液不足时应补充蒸馏水。

4）充电过程中应注意测量电解液的温度，当温度超过 40℃ 时应将电流减半，如温度继续升高达 45℃ 时应停止充电，待冷却到 35℃ 以下时再充电。也可采用风冷或水冷的方法来降温。

5）初充电应连续进行，不可长时间间断。

6）室内充电时，对于普通蓄电池和干荷电蓄电池，应旋下加液孔盖，使氢气和氧气能顺利排出。

7）充电室要安装通风设备，在充电过程中通风设备应不停地工作，以排出有害气体，避免爆炸危险及损害操作人员的健康。

8）充电室要严禁烟火。

第二节　交流发电机的维护保养

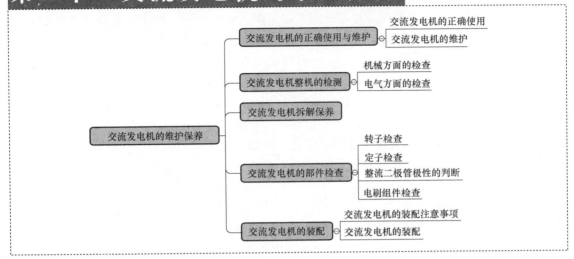

一、交流发电机的正确使用与维护

1. 交流发电机的正确使用

1) 蓄电池与交流发电机连接应正确、牢固，极性不能接错（图5-30）。汽车电气规定为负极搭铁。因此，蓄电池也必须为负极搭铁，否则易烧坏硅整流二极管和集成电路电压调节器（整体式交流发电机）。交流发电机运转中，切不可任意接拆下连接线，以免短路烧坏整流器二极管或电压调节器。当交流发电机高速运转时，如果蓄电池与交流发电机连接突然断开，会产生瞬时高压，损坏电子元件。

2) 交流发电机停止时，应及时断开点火开关（或电源总开关），否则蓄电池将会一直经过电压调节器向交流发电机励磁绕组放电，不仅会造成蓄电池过放电，且易烧坏交流发电机励磁绕组等元器件。

3) 交流发电机必须与电压调节器按生产厂家规定配套使用，即交流发电机和电压调节器的搭铁类型要相一致，当出现不一致的情况时，要将交流发电机的搭铁类型改为与电压调节器相一致。交流发电机与电压调节器各接线柱之间必须正确连接。在使用电子电压调节器时，更应谨慎小心。如果连接不正确，可能在连接的一瞬间，电子电压调节器已经损坏。虽然交流发电机及电压调节器都经发动机机体和车身已搭铁，但为了保证电压调节器与交流发电机间搭铁良好，两者搭铁接线柱间的连接导线不能省掉。

图5-30　交流发电机的线束连接

4) 交流发电机不发电时，应及时找出故障部位，并予以排除，不可继续长时间带病运转。一方面，汽车在运行中单靠蓄电池为各用电设备供电，蓄电池会在很短时间放完电，形成过放电，直接影响蓄电池的寿命，同时造成车辆抛锚。另一方面，如因为有一只硅整流二极管短路，交流发电机输出电压下降，继续运转就会引起其他硅整流二极管或定子绕组烧坏，直至整个交流发电机报废。

5）交流发电机的功率不得超过电压调节器所能匹配的功率。电压调节器所能匹配的功率，取决于大功率晶体管的功率。交流发电机功率越大，磁场电流亦越大（如14V/750W交流发电机的磁场电流为3～4A；14V/1000W交流发电机，其磁场电流为4～5A）。磁场电流越大，对大功率晶体管的技术要求就越高，成本也就越高。大功率交流发电机的电压调节器配小功率交流发电机使用时，虽然不会影响充电系统工作，但成本较高，不经济。然而，小功率交流发电机的电压调节器则不能与大功率交流发电机配用，因为一方面电压调节器会因超负荷工作而使使用寿命大大缩短；另一方面控制磁场电流的晶体管的管压降增大，磁场电流最大值减小，交流发电机空载转速和额定转速都将增高，交流发电机的输出性能将降低。

6）交流发电机安装于发动机上时，必须保证交流发电机带轮槽中心与发动机带轮槽中心对齐。V带的松紧度要合适。过松，容易使V带打滑，造成发电不足；过紧，容易损坏交流发电机轴承、V带，甚至折断交流发电机前盖的挂脚。一般V带张力在三轮（曲轴、水泵和交流发电机带轮）张紧时，用30～40N力在中心处下10～15mm的距离比较适宜。

2. 交流发电机的维护

交流发电机在使用中，应定期进行以下检查和维护，以保证电源系统正常工作，减少故障，延长各部件的使用寿命。

（1）交流发电机驱动带的检查 检查时，可直接观察驱动带，应无裂纹或磨损现象，如有则应更换。同时，需进行驱动带挠度的检查，新带挠度为5～10mm，旧带为7～14mm。挠度检查时注意：应在交流发电机和曲轴带轮之间带的中心点施加100N的力，测量带中心的挠度值。

（2）连接导线的检查 包括各导线的连接部位、交流发电机输出端子和插接器等的检查。

（3）交流发电机运转噪声的检查 当交流发电机出现故障（特别是机械故障），如轴承破损、转子轴弯曲等，交流发电机运转时会发出异常噪声。检查时，逐渐加大发动机节气门，使交流发电机转速逐渐升高，监听有无异常噪声，如有应及时检查。

（4）交流发电机发电的检查 交流发电机发电的检查有以下三种方法：

1）利用充电指示灯检查。如图5-31所示，当闭合点火开关但发动机未起动时，查看仪表上的充电指示灯是否点亮，如不亮应检查相应电路或充电指示灯灯泡，如有损坏，应更换。发动机正常运转过程中，若充电指示灯一直亮着，说明交流发电机或电压调节器有故障，也可能是充电指示灯线路有故障，应及时维修。

图5-31 仪表上的充电指示灯

2）用万用表直流电压档测量电压。在交流发电机未转动时测量蓄电池端电压，并记录下来，起动发动机并将转速提高到怠速以上转速，分别测量蓄电池端电压和交流发电机的输出电压（图 5-32），二者应大致相同。若高于原记录，说明交流发电机能发电；若测量电压一直不上升或随着发动机转速的提高电压值下降，说明交流发电机或电压调节器有故障，应及时维修。

3）利用一字旋具检查。如图 5-33 所示，在发动机运转状态下用一字螺钉旋具靠近交流发电机的前端盖或后端盖，如一字螺钉旋具能够被吸引，说明交流发电机励磁电路良好。如没有，应检查交流发电机励磁电路有无输入电压，如无输入电压则检查电压调节器及励磁绕组有无损坏，然后检查交流发电机输出电压是否在正常发电的范围（12V 电系为 13.5～14.5V，24V 电系为 27～29V）。

图 5-32 交流发电机输出电压的测量

图 5-33 一字螺钉旋具靠近交流发电机后端盖试验有无吸力

二、交流发电机整机的检测

交流发电机发生故障修理前，应先进行机械和电气方面的检查或测试，以初步确定故障的部位和程度。

1. 机械方面的检查

1）如图 5-34 所示，检查外壳、挂脚等处有无裂纹或损坏。

2）转动带轮，检查轴承阻力，以及转子与定子之间有无碰擦。

3）手持带轮，前后、左右摇晃，以检查前轴承的轴向与径向间隙是否过大。

2. 电气方面的检查

如图 5-35、图 5-36 所示，解体前，可用万用表 R×1 档测量普通交流发电机各接线柱之间的电阻值，以初步判断交流发电机内部是否有电气故障及故障所在部位和程度。常用交流发电机各接线柱间电阻值见表 5-2。

1）测量交流发电机"F"与"−"（或"E"）之间的电阻值，即交流发电机磁场电路中的电阻值。不同类型的交流发电机，磁场电路的电阻值不

图 5-34 汽车交流发电机外形

同，一般只有几欧姆。如电阻超过规定值，说明电刷与集电环接触不良；小于规定值，表明磁场绕组有匝间短路；电阻为零，说明两个集电环之间短路或"F"接线柱搭铁；电阻为无限大即表针不动，说明磁场电路有断路处。

图 5-35　普通交流发电机的接线端子

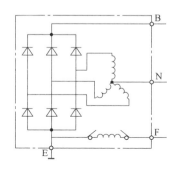

图 5-36　普通交流发电机的内部结构

表 5-2　常用交流发电机各接线柱间电阻值

发电机型号	"F"与"E"间电阻/Ω	"B"与"E"间电阻/Ω	
		正向	反向
JF11、13、15、21、132N	4~7	40~50	≥10k
JFW14(无刷)	3.5~3.8	40~50	≥10k
夏利 JFZ1542	2.8~3.0	40~50	≥10k
桑塔纳 JFZ1913	2.8~3.0	65~80	≥10k

2）测量"B"（或"+"）与"E"（或"−"），或者测量"B"（或"+"）与"F"之间的正、反向电阻值，以判断硅整流二极管有无短路、断路故障。用 MF47 型万用表的黑表笔接触交流发电机外壳，红表笔接触交流发电机"B"（或"+"）接线柱，测量反向电阻，阻值应为 40~50Ω；交换红黑表笔，测量正向电阻，如电阻值为无限大即表针不摆动，说明硅整流二极管正常；如正向电阻值在 10Ω 左右，说明个别二极管击穿短路；如正向电阻值接近于零或等于零，说明正极管和负极管均有击穿短路故障。

3）测量"N"与"E"（或"−"）、"N"与"B"（或"+"）之间的正反向电阻值，可进一步判断故障所在。判断方法见表 5-3。

表 5-3　测量"N"与"−"和"N"与"+"之间的正反向电阻值判断故障

测量部位	正向	反向	故障判断
"N"与"−"（E）	10Ω	≥10kΩ	负元件板或端盖上的三只负极管良好
	0Ω	0Ω	负元件板或端盖上的三只负极管有短路故障或定子绕组有搭铁故障
"N"与"+"（B）	10Ω	≥10kΩ	正元件板上的三只正极管良好
	0Ω	0Ω	正元件板上的三只正极管有短路故障

三、交流发电机拆解保养

交流发电机的部件结构如图 5-37 所示。交流发电机的拆解按照以下操作步骤进行（以普通交流发电机为例）：

1）拆下电刷及电刷架（外装式）紧固螺钉，取下电刷架总成，如图 5-38 所示。

图 5-37 交流发电机的部件结构

2）在前后端盖上做记号，拆下连接前后端盖的紧固螺栓（图 5-39），将其分解为与转子结合的前端盖和与定子连接的后端盖两大部分。

注意：不能单独将后端盖分离下来，否则会扯断定子绕组与整流器的连接线（即三相定子绕组端头）。

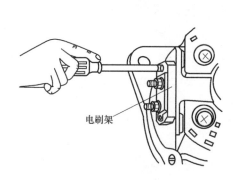

图 5-38 拆解电刷架

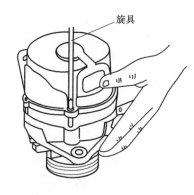

图 5-39 前、后端盖的分解

3）将转子夹紧在台虎钳上，拆下带轮紧固螺母（图 5-40）后，可依次取下带轮、风扇、半圆键、定位套。

4）将前端盖与转子分离，若该部位装配过紧，可用拉器拉开（图 5-41），或用木锤轻轻敲，使之分离。

注意：铝合金端盖容易变形，因此拆卸时应均匀用力。

5）拆卸防护罩，拆卸图 5-42 所示的后端盖上的三个螺钉（其中③兼作 "--" 接线柱），即可将防护罩取下。

对于整体式交流发电机，先拧下 "B" 端子上的固定螺母并取下绝缘套管；再拧下后防尘盖上的 3 个带垫片的固定螺母，取下后防尘盖；然后拆下电刷组件的两个固定螺钉和电压调节器的 3 个固定螺钉，取下电刷组件和 IC 电压调节器总成；最后拧下整流器二极管与定子绕组的引线端子的连接螺钉，取下整体式整流器总成，如图 5-43 所示。

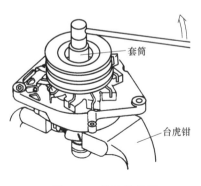

套筒

台虎钳

图 5-40　带轮的分解

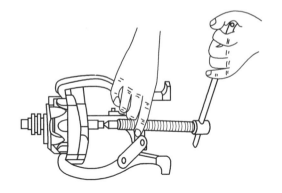

图 5-41　前端盖的分解

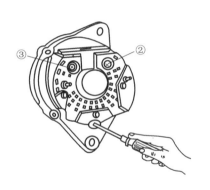

图 5-42　后端盖的分解

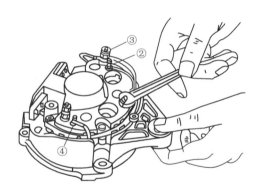

图 5-43　定子线圈与整流板的分解

6）拆下定子上四个接线端（三相绕组首端及中性点）在散热板上的连接螺母，如图 5-44 所示，使定子与后端盖分离。

7）拆下后端盖上紧固整流器总成的螺钉，取下整流器总成（图 5-44）。

注：若经检验所有二极管均良好，该步骤可不进行。

8）零部件的清洗。对机械部分可用煤油或清洗液清洗，对电气部分如绕组、散热板及全封闭轴承等宜用干净的棉纱擦去表面尘土、脏污。

交流发电机的拆解要按照工艺要求进行，禁止生敲硬卸而损坏机件。拆解的零件要按照规范清洗并顺序摆放。对有问题的零件和拆解复杂部位的顺序和连接方法，必要时要有详细记录。

四、交流发电机的部件检查

1. 转子检查

1）励磁绕组的断路或短路的检查。用万用表测量励磁绕组电阻，两表针分别触在两集电环上，如图 5-45 所示。正常阻值为 2.7~20Ω（不同型号交流发电机略有差别）。如果阻值小于正常值即为短路，若阻值为无限大，则为线头脱焊或断路。

2）励磁绕组和集电环搭铁试验。即检查励磁绕组与铁心（或转子轴）之间的绝缘情况。如图 5-46 所示，万用表电阻档置于 R×10k，两表笔分别触爪极（转子轴）和集电环。若阻值为无限大为良好。若阻值较小说明励磁绕组有搭铁故障，应检修。

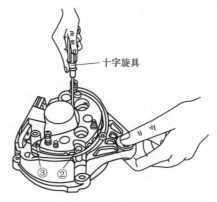

十字旋具

图 5-44　整流板的分解

3）集电环的检查。集电环表面应平整光滑，无明显烧损，否则应用"00"号纱布打磨。两集电环间隙处应无积物。集电环圆度误差不超过 0.025mm，厚度不小于 1.5mm。集电环厚度小于 1.5mm 时，应将旧集电环在车床上车除，重新镶嵌集电环，焊接绕组抽头。

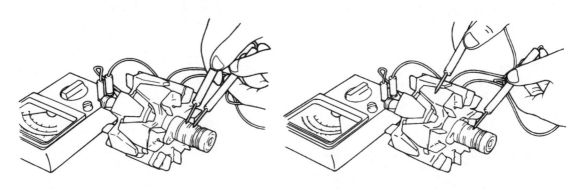

图 5-45　励磁绕组断路、短路的测量　　　　图 5-46　检测励磁绕组搭铁故障

2. 定子检查

1）定子绕组断路的检查。如图 5-47 所示，用万用表 R×1 档检测定子绕组三个接线端，两两相测，阻值应在 0.2~0.5Ω，若阻值为 ∞，说明绕组断路。断路故障应用 35W/220V 的电烙铁焊接修复，若不能修复，应更换定子绕组或定子总成。

2）定子绕组搭铁检测。如图 5-48 所示，用万用表电阻最大档检测定子绕组接线端与定子铁心间的电阻，应为 ∞，否则说明有搭铁故障。或用数字式万用表导通档位，若为零则万用表发出响声，说明有搭铁故障。若搭铁应更换定子绕组或定子总成。

因为定子绕组线径较粗，通过电流较大，发生断路或绕组搭铁故障多数情况是因通过大电流发热造成的，因此可通过检查定子绕组的外观是否有发黑、线圈表面是否有掉漆以及是否能够闻到焦煳味等方面也可检查定子绕组的完好性。

3. 整流二极管极性的判断

测量二极管，既可以使用指针式万用表，也可以使用数字式万用表。这两种仪表的测量原理如图 5-49 所示。需要注意的是：数字式万用表红表笔是内部电池的正极，当使用其二极管档位测量时，显示的数值表示的是二极管的正向压降值，单位是 V。

当整流器的极性无法直观判别时，可用万用表判断二极管的极性，方法如下：

① 指针式万用表，黑表笔所接的是高电位，红表笔接的是低电位。极性判断的方法是用万用表 R×100 或 R×1K 档，用红、黑表笔同时接触二极管的引线和外壳，然后对调表笔同时测量，在所测阻值小的那次测量中，黑表笔所接的是二极管的正极，红表笔所接的是二极管的负极。

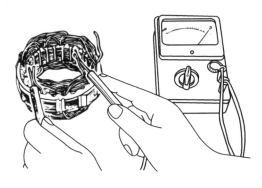

图 5-47　检测定子绕组断路故障

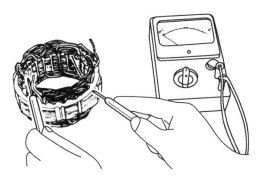

图 5-48　检测定子绕组搭铁故障

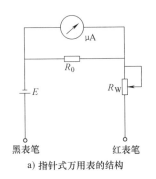

a) 指针式万用表的结构

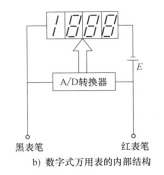

b) 数字式万用表的内部结构

图 5-49　万用表结构图

② 数字式万用表，同指针式万用表相反，红表笔所接的是万用表的高电位，黑表笔所接的是万用表低电位。极性的判断方法是用万用表的二极管档，用红、黑表笔同时接触二极管的引线和外壳，然后对调表笔测量，在所测量显示 0.4～0.7V 时，红表笔所接的是二极管的正极，黑表笔所接的是二极管的负极。检测方法如图 5-50 所示。

4. 电刷组件检查

电刷表面不得有油污，且应在电刷架中活动自如，电刷磨损不得超过原高度的 1/2（用游标卡尺或钢板尺检测），突出长度的测量如图 5-51 所示；检测电刷弹簧压力时，当电刷从电刷架中露出长度 2mm 时，电刷弹簧力一般为 2～3N；电刷架应无烧损、破裂或变形。

电刷长度又叫电刷高度，如图 5-52 所示，是指电刷露出电刷架的长度 l。更换电

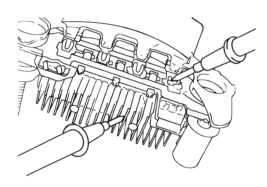

图 5-50　二极管极性的检测方法

刷的方法如图 5-52 所示，先将电刷弹簧和新电刷装入电刷架，然后用鲤鱼钳或尖嘴钳夹住电刷引线，使电刷露出高度符合规定数值（一般为 14mm 左右），再用电烙铁将电刷引线与电刷架焊牢即可。

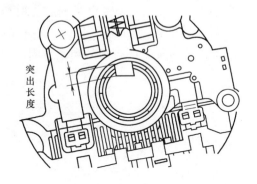

图 5-51　电刷突出长度的检查

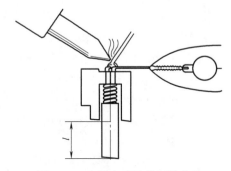

图 5-52　电刷高度及其更换方法

五、交流发电机的装配

1. 交流发电机的装配注意事项

交流发电机的装配应注意以下几点：

1）各零部件应保持清洁。

2）配合部位涂些机油润滑。

3）各部位所配装的垫片（包括调整垫、绝缘垫等）应按要求装回，不能遗漏。

4）对于整体式、电刷架内置的交流发电机，将前后端盖装复前，应注意将电刷压入电刷架内（用一钢针从后端盖外侧的孔中插入，拖住电刷，操作方法如图 5-53 所示），以免在装复过程中折断。

5）装配后应检查各转动部位是否能灵活转动。

2. 交流发电机的装配

装配按照与拆卸相反的顺序进行（以普通交流发电机为例）。

1）将整流器装到后端盖上，拧紧三颗固定螺钉。应注意各绝缘垫片不能漏装。装复后用万用表电阻高档测量"B"接线柱与端盖间电阻，应为 ∞。测量两散热板之间及绝缘散热板与端盖之间电阻，均应为 ∞。若上述电阻较小或者为零，表明漏装了绝缘垫片或套管，应拆开重装。

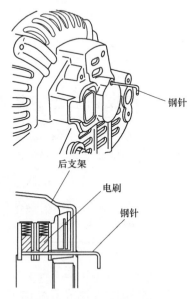

图 5-53　内置式电刷交流发电机钢针的操作方法

2）将定子总成与后端结合。装在定子绕组上的四个接线端子从后端盖孔中穿出，将接线端分别连接在整流器的接线螺钉上。

3）将前端盖装到转子轴上。先将前端盖上的轴承、轴承盖安装并紧固好，再将该部分套到转子轴上，若过盈量较大，可用木锤轻轻敲入。

4）装配风扇、带轮。在转子轴上套上定位套、安装半圆键、风扇叶片、带轮、弹簧垫圈，拧紧带轮紧固螺母。

5）交流发电机前后端盖装复。装复过程中应注意使前后端盖上交流发电机安装挂脚位置恰当（符合拆解标记）。上述两大部分结合后，穿上前、后端盖紧固螺栓并分数次拧紧，用手转动带轮，转子部分转动无阻力为正常。如转动阻力大或卡滞，应将前后端盖紧固螺栓重新紧固，并转动带轮，直到转动无阻力为止。

6）装复后端盖上的防护罩。

7）安装电刷架总成。

8）检验装配质量。使用万用表检测各接线柱与外壳间的电阻值，应该符合参数要求。否则应该拆解重装。

第三节 电压调节器的检测

一、电压调节器的基本原理

1. 晶体管电压调节器

晶体管电压调节器是利用晶体管的开关特性制成的，即将晶体管作为一只开关串联在交流发电机的磁场电路中，根据交流发电机输出电压的高低，控制晶体管的导通和截止，调节交流发电机的磁场电流使交流发电机输出电压稳定在某一规定的范围之内。内搭铁形式的电压调节器要配套内搭铁交流发电机，外搭铁形式的电压调节器要配套外搭铁交流发电机，图5-54所示为常见晶体管电压调节器。

2. 集成电路电压调节器

集成电路电压调节器又称IC电压调节器，常见集成电路电压调节器外形如图5-55所示。其电压调节原理与分立元器件的晶体管电压调节器一样。所不同的是，在集成电路电压调节器上，所有的晶体管都集成在一块基片上，实现了电压调节器的小型化，并可将其装在交流发电机内部，减少了外部接线，缩小了整个充电系统的体积。

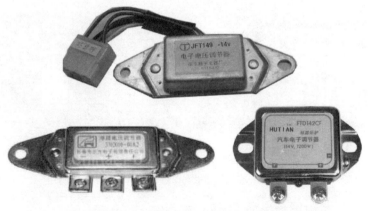

图 5-54　晶体管电压调节器外形

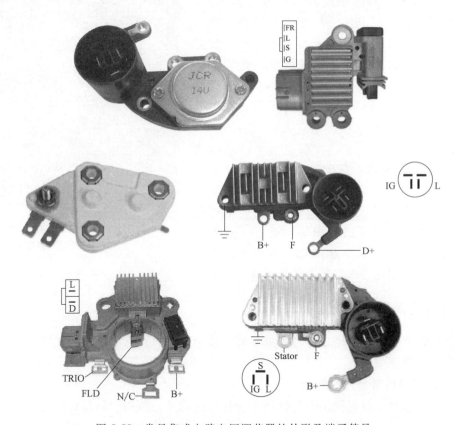

图 5-55　常见集成电路电压调节器的外形及端子符号

二、电压调节器的正确使用

（1）电压调节器必须与交流发电机配套使用　如图 5-56 所示，交流发电机的电压等级必须与电压调节器的电压等级相同，交流发电机的搭铁形式必须与电压调节器的搭铁形式相同，如搭铁形式不匹配，可通过改变交流发电机励磁绕组的搭铁形式来解决。

（2）电压调节器与交流发电机之间的线路连接必须正确　如图 5-57 所示，使用与维修

图 5-56　28V 交流发电机与 28V 电压调节器配套使用

时，必须正确接线，否则电源系统不能正常工作，甚至会损坏电压调节器或交流发电机等电器部件。如电子电压调节器"＋"与"－"接反时，控制励磁电流的大功率晶体管的发射极成为反偏，极易被击穿损坏。另外，如有过压保护的稳压管，此管会正向导通而被大电流烧坏。如内搭铁型电压调节器"F"与"－"接反，或外搭铁型调压器"F"与"＋"接反时，蓄电池电压在接通点火开关后，全部加在大功率晶体管的集电极与发射极（不经励磁绕组），电压调节器极易被击穿烧坏。

（3）电压调节器必须受点火开关控制　因电压调节器控制励磁电流的大功率晶体管在交流发电机输出电压较低时就始终导通，如果不受点火开关控制，当汽车停车时，大功率晶体管一直导通，会发热烧坏或使用寿命缩短，而且还会导致蓄电池亏电。

图 5-57　交流发电机与电压
调节器的线路连接

三、电压调节器的识别与测试

电子电压调节器分为内搭铁型与外搭铁型，使用时要识别它的搭铁形式以及电压调节器的好坏，现分别介绍如下。

1. 电压调节器搭铁形式的判断

一般电压调节器上没有标出内搭铁还是外搭铁的记号，使用中只能根据型号、使用车型来确定其搭铁形式。如搞不清其搭铁形式，可利用小灯泡的亮、灭来进行。如图 5-58 所示，将可调直流电源正极接在电压调节器"B"（或"＋"）端，负极接电压调节器"E"（或"－"）端，将小灯泡一端接 F 端，另一端暂时悬空，稳压电源电压调到 12V（28V 电压调节器调到 24V）。首先将小灯泡悬空的一端搭在电源"B"上，接通开关 SW，若灯亮，电压调节器为外搭铁型；若灯不亮，关断开关 SW，并将小灯泡悬空的一端搭在搭铁端"E"上，此时灯亮，电压调节器为内搭铁型。

2. 电压调节器性能好坏的测试

根据搭铁形式接好线路，如图 5-59 所示。先将可调直流电源电压调至 12V（14V 电压调节器）或 24V（28V 电压调节器），接通开关 SW，此时灯泡应发亮；然后逐渐调高电源电压，小灯泡的亮度应随电压升高而增强，当电源电压升高到调节电压（14V 电压调节器为 13.5～14.5V，28V 电压调节器为 27～29V）时，小灯泡熄灭；最后将电源电压逐渐降低，当低于调节电压时，小灯泡又开始发亮，则说明电压调节器性能良好。若小灯泡始终发亮或始终熄灭，则说明电压调节器损坏，应予以更换。

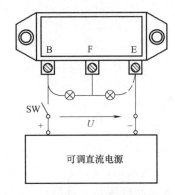

图 5-58　电压调节器搭铁形式的检测

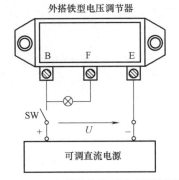

a) 外搭铁型晶体管电压调节器性能的检测　b) 内搭铁型晶体管电压调节器性能的检测

图 5-59　电压调节器性能好坏的检测

四、集成电路电压调节器的检查

1. 集成电路外部接线端子符号代表的含义

由于集成电路都是用环氧树脂封装或塑料模压而成的全密封结构，损坏或失调后，只能更换新品，故只需判断电压调节器的好坏即可。在检查集成电路电压调节器之前，必须弄清楚集成电路电压调节器引出线的根数、外部接线端子（图 5-60）的含义以及同交流发电机的接线方法，以防将电源极性接错。否则加上测试电压以后，电压调节器会瞬时短路而损坏。

"B+"（或 "+B" "BATT"）：为交流发电机输出端子，用一根很粗的

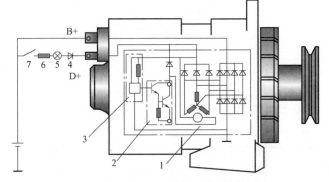

图 5-60　桑塔纳轿车整体式交流发电机电路原理
1—交流发电机　2—内装式调节器　3—调节器的检测控制部分
4—二极管　5—充电指示灯　6—熔断器　7—点火开关

导线连至蓄电池正极或起动机上，交流发电机通过此线为全车用电设备供电和给蓄电池充电。

"IG"：通过线束接至点火开关，发动机正常运行时此线通电，电压调节器供电或提供电压检测信号，有的交流发电机上无此端子。

"L"：充电指示灯的连接端子，该导线向外通过点火开关连接仪表板上的充电指示灯，在交流发电机内一般接在电压调节器上。

"D+"：充电指示灯的连接端子，此符号多出现具有三个磁场二极管的9管或11管交流发电机中，在交流发电机内部与三个磁场二极管、励磁绕组、电压调节器连接在一起。

"S"（或"R"）：为电压调节器的电压检测端子（蓄电池取样法中检测蓄电池的电压），通过一根稍粗的导线直接连接蓄电池的正极，中间一般没有开关控制或熔断丝。

"E"：交流发电机和电压调节器的搭铁端子。

2. 集成电路电压调节器的单件测试

三引线集成电路电压调节器采用交流发电机电压检测法。首先要确定三根引线的名称和作用，以桑塔纳轿车的集成电路电压调节器（图5-61）为例：如图5-62所示，和交流发电机外壳相连的引线为D-接线柱，为电压调节器的搭铁端（相当于E接柱）；和交流发电机整流器相连的一电刷接线柱为D+，为电压调节器的信号检测端子（相当于B接线柱）；DF为交流发电机的励磁线（相当于F接线柱），与交流发电机励磁绕组相连，同时此电压调节器的搭铁形式为外搭铁式。搞清三根引线的作用后，测试电路如图5-59a所示连接，测试方法同上。

图5-61　桑塔纳集成电路电压调节器外形

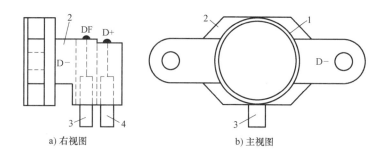

a) 右视图　　　　　　b) 主视图

图5-62　桑塔纳IC电压调节器与电刷组件

1—IC电压调节器　2—电刷架　3—负电刷　4—正电刷

3. 集成电路电压调节器的就车检查

就车检查时，以日产蓝鸟轿车充电系统为例。拆下整体式交流发电机上所有连接导线，在蓄电池正极和交流发电机"L"接线柱之间串联一只5A电流表，如无电流表，可用试灯灯泡代替，再将可调直流稳压电源的"+"接至交流发电机的"S"接头，"-"与交流发电机外壳或"E"相接，如图5-63所示。

接好后，调节直流稳压电源，使电压缓慢升高，直至电流表指示零或测试灯泡熄灭，此时直流电压值就是集成电路电压调节器的调节电压值，如该值在13.5～14.5V，说明集成电路调节正常。否则，说明该集成电路电压调节器有故障。

在上述两种测试中，如果电压表的读数不符合上述范围，说明集成电路电压调节器内部存在故障，这时只有更换电压调节器。

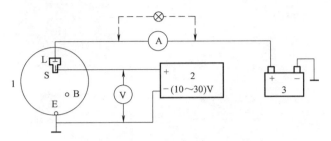

图 5-63　集成电路电压调节器的检查

1—交流发电机　2—可调直流稳压电源　3—蓄电池

第四节　起动系统的维护保养

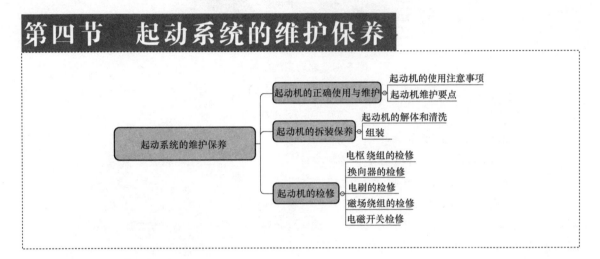

要使发动机由静止状态过渡到工作状态，必须先用外力转动发动机的曲轴，使活塞做往复直线运动，气缸内的可燃混合气燃烧膨胀做功，推动活塞向下运动使曲轴旋转，发动机才能自行运转，工作循环才能自动进行。

起动机的作用是将蓄电池的电能转变为机械能，驱动发动机使其起动。在各种各样的起动装置中，目前汽车上普遍使用的是电力起动系统。如图 5-64 所示，电力起动系统主要由蓄电池、起动机（图 5-65）、起动开关、起动继电器（图 5-66、图 5-67）和起动电路等组成。

一、起动机的正确使用与维护

1. 起动机的使用注意事项

1）每次接通起动机的时间不应超过 5s，重复起动时应间隔 15s。

2）冬季和低温地区冷车起动时，应先预热发动机，然后再使用起动机。

3）起动发动机，并将变速杆置于空档位置，踩下离合器踏板，严禁挂档起动来移动车辆。

4）发动机起动后，应立即松开点火开关（或起动按钮），使起动机停止工作，以减小单向离合器不必要的磨损。

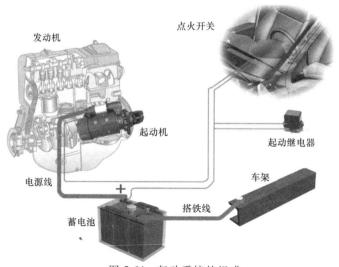

图 5-64　起动系统的组成

5）发动机工作时，严禁将起动机投入工作。

6）当发动机连续几次不能起动时，应对起动电路以及起动机有关部位进行检查，排除故障后再起动。

7）发动机起动后，如起动机不能停转，应立即关闭电源总开关，或拆除蓄电池搭铁线，同时应进行故障查找。

2. 起动机维护要点

1）经常检查起动电路各导线连接是否牢固，绝缘是否良好。

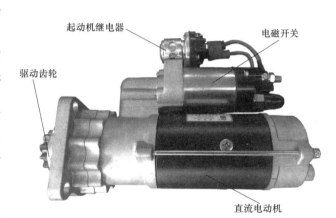

图 5-65　起动机的外部结构

2）经常保持起动机机体和各部件的清洁干燥。汽车每行驶 300km 应检查并清洁换向器。

图 5-66　汽车起动机继电器

图 5-67　起动机继电器

3）汽车每行驶 5000~6000km，应检查电刷的磨损程度及电刷的弹簧压力。

4）经常检查传动机构和控制装置的活动部件，并按规定进行润滑。

5）起动机一般每年应进行一次维护性检修，可视实际情况适当地缩短或延长。

二、起动机的拆装保养

1. 起动机的解体和清洗

起动机解体后的部件组成如图 5-68 所示，先将待修理起动机的外部清洗干净，拆下防尘箍。再用钢丝钩提起电刷弹簧，取出电刷，旋出组装螺栓，使前端盖、起动机外壳、电枢分离开。最后拆下中间轴承板、拨叉和离合器。

图 5-68　起动机总成及分解图

2. 组装

起动机的组装程序与分解相反，但要注意的是，在组装起动机前应将起动机的轴承和滑动部位涂以润滑脂。装复后应转动灵活，电枢轴的轴向间隙不大于 0.05～1.00mm。

三、起动机的检修

1. 电枢绕组的检修

电枢绕组易发生的故障有断路、短路和搭铁。

1）电枢绕组搭铁的检修。如图 5-69 所示，用万用表测量换向器的每个铜条与电枢轴之间的电阻，应为∞，否则，表示换向器铜条短路，应更换电枢。

2）检查换向器表面。如图 5-70 所示，若粗糙，用砂纸轻轻打磨。

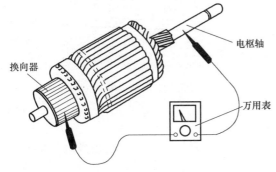

图 5-69　电枢绕组搭铁的检查

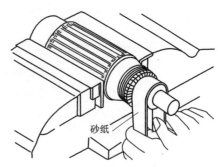

图 5-70　换向器表面的检查

2. 换向器的检修

1）换向器最小直径的检查。如图 5-71 所示，用卡尺检查换向器的外径，不得小于使用极限值（QD1225 为 33.5mm）。超过极限值时，更换电枢。

2）换向器磨损的检修。如图 5-72 所示，检查换向器的绝缘云母片的深度，标准值为 0.5～0.8mm，使用极限值为 0.2mm。超过极限值时，应用锉刀进行修理，修整时锉刀要与换向器外圆母线平行。

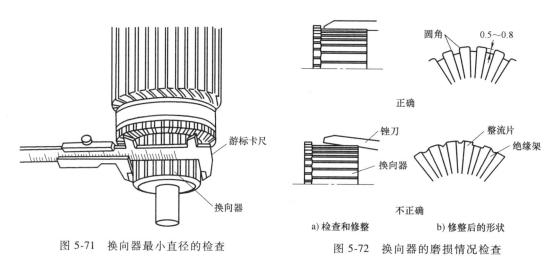

图 5-71　换向器最小直径的检查

图 5-72　换向器的磨损情况检查

3. 电刷的检修

1）电刷长度的检查。如图 5-73 所示，用卡尺检查电刷长度，应不小于新电刷的 2/3（QD1225 最小长度为 11.5mm）。如果小于极限值，应予以更换。电刷与换向器的接触面积应大于 75%。电刷在电刷架内应活动自如无卡滞现象。

2）电刷弹簧拉力的检查。如图 5-74 所示，用弹簧秤测量弹簧拉力，应在 18～22N 之间。如果达不到规定值，应更换新的弹簧。

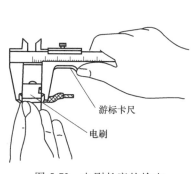

图 5-73　电刷长度的检查

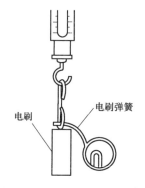

图 5-74　电刷弹簧拉力的检查

4. 磁场绕组的检修

1）磁场绕组断路的检修。如图 5-75 所示，用万用表测量磁场绕组的正极端与电刷之间的电阻，应为 0。否则，说明磁场绕组断路，应更换。

2）磁场绕组对壳体短路的检修。如图 5-76 所示，用万用表检查磁场绕组的正极端与定子壳体之间的电阻，应为∞。否则，表示磁场绕组与壳体短路，应更换。

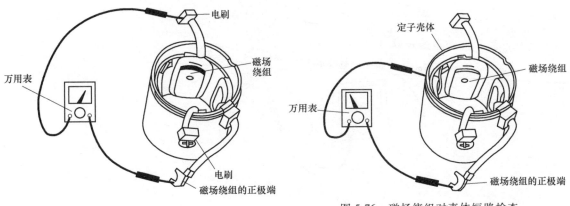

图 5-75　磁场绕组的断路检查　　　　　　图 5-76　磁场绕组对壳体短路检查

5. 电磁开关检修

（1）弹簧复位功能检查。用手先将挂钩及活动铁心压入电磁开关，然后放松，如图 5-77所示，活动铁心应能迅速复位。如铁心不能复位或出现卡滞现象，则应更换复位弹簧或电磁开关总成。

（2）保持线圈的检修。如图 5-78 所示，从磁场绕组接线柱上拆下磁场绕组正极端后，用万用表检查电磁开关接线柱（"50"端子）与电磁开关壳体之间的电阻，应为 $0 \sim 2\Omega$。否则，表示保持线圈断路，应更换电磁开关。

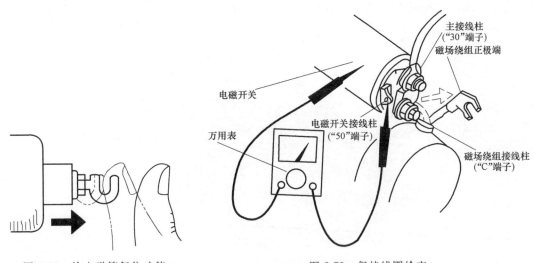

图 5-77　检查弹簧复位功能　　　　　　　图 5-78　保持线圈检查

（3）吸拉线圈的检查。如图 5-79 所示，从磁场绕组接线柱上拆下磁场绕组正极端，用万用表（R×1 档）检查电磁开关与磁场绕组接线柱之间的电阻，应为 $0 \sim 2\Omega$。否则，表示拉引线圈断路，应更换电磁开关。一般来说，同一起动机的保持线圈电阻较吸拉线圈电阻大一些。

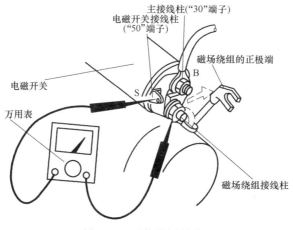

图 5-79 吸拉线圈的检查

第五节　汽车空调系统的维护保养

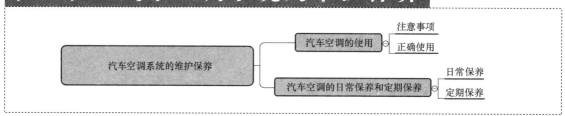

汽车空调系统按其功能可分为制冷系统、加热系统、通风与空气净化系统和控制系统等几个主要组成部分，如图 5-80 所示。

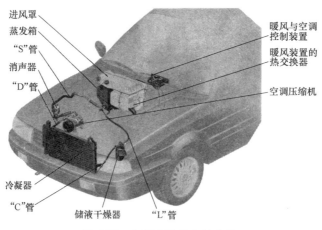

图 5-80 空调在整车上的位置

一、汽车空调的使用

正确使用汽车空调系统，可以节约能源，减少故障出现，并能保证汽车空调系统具有良好的技术状况和工作可靠性，发挥其最大效率，延长其使用寿命。

1. 注意事项

（1）确保系统中不混入水汽、空气和脏物　如果空气、水汽和脏物混入制冷系统，不仅会影响制冷效率，有时会使制冷设备损坏，其影响见表5-4。例如压缩机的吸气管，如果接头没有锁紧，由于吸气管内是负压，其压力小于外界大气压，外界的空气就会进入系统，于是水汽和脏物也会随之而入。此外，在充注制冷剂时如果操作不当，也可能使空气进入系统，空气中的氧气非常活跃，它会和冷冻机油作用发生反应，从而影响制冷系统的正常运行。

表5-4　制冷系统中的异物及其影响

制冷系统中的异物	影　响
水汽	压缩机气门结冰；膨胀阀紧闭不开；变成盐酸和硝酸；腐蚀生锈
空气	造成高温高压；使制冷剂不稳定；使冷冻机油变质；使轴承易损坏
脏物	堵住滤网，变成酸性物；腐蚀零件
其他油类	形成蜡或渣，堵住滤网；润滑不好；使冷冻机油变质
金属屑	卡住或粘住所有的活动零件
酒精	腐蚀锌和铝；铜片起麻点；使制冷剂变质；影响制冷效果，冷气不冷

1）不能让水汽进入系统。水在0℃会结冰，如果压缩机气门结了冰，压缩机就不能正常工作；如果膨胀阀结了冰，膨胀阀则不能打开，失去作用。另外水和制冷剂起化学反应，会生成盐酸和硝酸等多种酸类。系统内水分越多，形成腐蚀性酸液的浓度越高，腐蚀性越强，会造成零件严重腐蚀、生锈。

此外，冷冻机油如果遇到水，会变质生成胶状物，导致压缩机的活塞、活塞环和轴承等主要零件损坏，破坏压缩机的正常工作。为了避免以上情况的发生，可采取以下预防措施：

① 尽量不让空气进入制冷系统中，因为空气中含有水分。

② 冷冻机油要经常加盖。

③ 在周围环境有水分或在露天、下雨等情况下，绝对不能修理制冷装置。修理制冷装置时，如果压缩机等部件的内部暴露在大气中，必须用真空泵抽真空。

2）不能让空气进入系统。空气具有很大的弹性，如果空气存留在压缩机的管道中，压缩机就不能顺利泵动制冷剂，导致压缩机做无用功，造成压缩机过热等不良后果。同时，压缩机里的冷冻机油吸收了空气，空气中的氧和冷冻机油起作用发生化学变化，形成胶状物质，使冷冻机油变质，压缩机轴承磨损，影响压缩机寿命。

冷冻机油中如果渗入了空气，当冷冻机油和制冷剂离开压缩机到蒸发器之后，由于空气有弹性，致使冷冻机油不能和制冷剂一起回到压缩机。这样，冷冻机油只出不进，使压缩机里出现严重缺少冷冻机油的现象，损坏压缩机。预防措施如下：

① 冷冻机油要加盖。

② 如图5-81所示，空调压缩机及其他连接部位的管子接头一定要锁紧，要用专门的管夹。

③ 必要时要抽真空，压缩机装好后，需用真空泵抽出里面空气。抽完真空后，要停几分钟，查看真空吸力是否有变化，用此法检查整个系统是否漏气。如不漏气，就说明空气和

水汽没有侵入。

3）不能让脏物进入系统。如果脏物进入了系统，容易使制冷剂和冷冻机油变质，腐蚀零件，而且容易引起堵塞。预防措施是：

① 不让空气进入制冷装置。

② 一定要保持修理工具的清洁。

（2）防止腐蚀　要防止制冷装置生锈及化学变化的侵蚀，这些现象会使气门、活塞、活塞环、轴承等受到腐蚀，若遇到了高温、高压，腐蚀会加剧。

（3）防止高温高压　在正常的运转情况下，压缩机的温度是不会高的。如果冷凝器堵塞，压缩机的温度会越来越高，使气体发生膨胀，产生高压，高温和高压两个因素互

图 5-81　空调压缩机要注意密封，防止水分进入

为因果，形成恶性循环。此外，如果冷凝器由于某种原因通风不好，热量散不出去，也会增加压缩机的负荷，使压缩机温度升高。

高温会使制冷剂橡胶软管变脆，压缩机磨损加剧，使腐蚀机器的化学变化加速，机器容易损坏。同时，高温的气体压力变大，被高温引起变脆的软管很容易爆裂，由于压缩机内部压力超过正常范围，压缩机的气门容易产生变形而影响密封。

（4）保护好控制系统　制冷系统中的风管、控制风向的阀门、电磁离合器等，每一零部件的失灵，都会影响制冷装置的正常运转。所以控制系统的风管、开关等部件，都要保护好，才能使制冷装置正常工作。

2. 正确使用

（1）非独立式空调的正确使用　对于非独立式汽车空调，其操作是比较方便的，但是否正确使用，对机组的空调性能及寿命、发动机的工作稳定及功耗都有很大影响。为此，空调使用时应注意以下几点：

1）汽车空调在换季初次使用时，最好对汽车空调系统进行杀菌除臭处理（图 5-82），这是因为汽车空调系统长期"休假"会滋生真菌和霉菌，不但使空气发出难闻的霉臭味，而且对车厢内人员的健康有害。这项工作可以到修理厂进行，也可以自购杀菌除臭专用喷剂自行处理。

2）夏日应避免直接在阳光下停车暴晒，尽可能把车停在树荫下，在长时间停车后车厢内温度很高的情况下，应先开窗及通风；如图 5-83 所示，打开鼓风机将车内热空气赶出车厢，再开空调，开空调后车厢门窗应关闭，以降低热负荷。

3）长距离上坡行驶，应暂时关闭空调，以免散热器开锅。超车时，若本车空调无超速自动停转装置，则应关闭空调。

4）使用汽车空调时，冷气温度不宜调得过低，一方面温度调得过低，会影响身体健康；另一方面易使蒸发器表面结霜，形成风阻，而造成压缩机液击现象。同时若风机开在低速档，则冷气温度开关不宜调得过低。一般车厢内外温差在 10℃ 以内为宜。

5）在空调运行时，若听到空调装置有异常响声，如压缩机响、鼓风机响、管子爆裂

等，应立即关闭空调，并及时请专业维修人员检修。

图 5-82　空调系统的抗菌除臭处理

图 5-83　夏季开空调前打开鼓风机通风

6）定期清洗冷凝器（图 5-84）和蒸发器，这是因为由于外界空气环境等原因，冷凝器、蒸发器表面易被灰尘等脏物附着，造成汽车空调系统的制冷效果下降。

（2）独立式空调的正确使用　如图 5-85 所示，对于安装独立式空调的汽车，应严格按使用说明书的规定起动和运行空调，因这类空调，通过遥控装置控制辅助发动机的起动和运行，起动方法要比非独立式空调复杂。

一般使用时的注意事项与非独立式大体相同，但由于辅助发动机有时有单独的油箱，还要经常注意检查油箱的储油情况，并要检查发动机冷却液温度、油压情况。

图 5-84　空调冷凝器的清洗

图 5-85　客车独立式空调部件位置

二、汽车空调的日常保养和定期保养

汽车空调系统分日常保养和定期保养。日常保养一般由驾驶人或一般汽车维修人员进行，在维护时会发现许多没有注意到的故障，而这些故障的早期发现和及时处理，对延长汽车空调装置的使用寿命起着重要作用。定期保养则由汽车空调保修工进行。汽车空调保修工除检查和调整驾驶人所担负的例行保养项目外，还应按汽车空调专门的维护周期及时进行作业项目。

1. 日常保养

日常保养主要是通过看、听、摸、测（图 5-86）等方法进行检查。

① 检查和清洗汽车空调的冷凝器（图 5-87），要求散热片内清洁，片间无堵塞物。

② 检查制冷系统制冷剂的量。如图 5-88 所示，在汽车空调机组正常工作时，用眼观察储液干燥器顶部的视液镜，若视液镜内没有气泡，仅在增加或降低发动机转速时出现少量的气泡，这说明制冷剂适量；若不论怎样调节发动机转速，始终看到有混浊状的气泡流动，则说明管路内制冷剂不足，应予补充；若不论怎样调节发动机转速，始终看不到气泡，则说明制冷剂过量。

图 5-86　汽车空调系统的检测

图 5-87　清洗汽车空调冷凝器

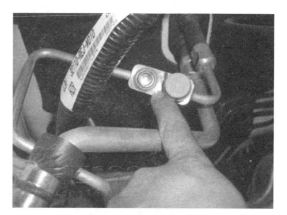

图 5-88　空调制冷剂量的检查

③ 检查传动带，压缩机与发动机之间的传动带应张紧。

④ 检查制冷系统软管外观是否正常，各接头处连接是否牢靠，接头处有无油污，有油污表明有微漏，应进行紧固。

⑤ 用手摸压缩机附近高、低压管有无温差，正常情况下低压管路呈低温状态，高压管路呈高温状态。

⑥ 用手摸冷凝器进口和出口处，正常情况下是前者较后者热。

⑦ 用手摸膨胀阀前后应有明显温差，正常情况是前热后凉。

2. 定期保养

为保证汽车空调无故障运行，需要定期对系统各主要零部件进行维护保养，如压缩机、冷凝器、散热器、蒸发器、电气部件等。

① 压缩机：在压缩机运转情况下，检查其是否有异常响声，如有，说明压缩机的轴承、阀片、活塞环或其他部件有可能损伤或冷冻机油过少；检查压缩机的高低压端有无温差。

② 冷凝器、蒸发器：检查两者的清洁状况、通道是否畅通，以保证其能通过最大的通气量。

③ 膨胀阀：检查其有无堵塞，感温包与蒸发器出口管路是否贴紧；膨胀阀能否根据温度的变化自动调节制冷剂的供给量。

④ 高、低压管：检查软管有无裂纹、鼓包、老化或破损现象，硬管是否有裂纹或渗漏现象，是否会碰到硬物或运动件，管道螺栓是否紧固。

⑤ 储液干燥器：检查易熔塞是否熔化，各接头处是否有油迹；正常工作时其表面应无露珠或挂霜现象；每年四五月份维护期中视需要更换干燥剂或干燥过滤器总成。

⑥ 电气系统：检查电磁离合器有无打滑现象，低温保护开关在规定的气温下如能正常起动压缩机则说明其有故障；检查电线连接是否可靠。

⑦ 高、低压开关：检查高、低压开关，高压开关在压力 2.2MPa 时，应能自动接通声光报警电路并使电磁离合器断电，当压力小于 2MPa 时应能自动复位；低压开关在压力小于 0.2MPa 时，应能自动接通声光报警电路并使电磁离合器断电，当压力大于 0.2MPa 时应能自动复位。

⑧ 冷凝器和蒸发器风机：检查冷凝器和蒸发器风机工作时有无异常响声，叶片有无破损，螺栓、连接是否牢固，电动机轴承有无缺油现象。

⑨ 定期更换空调滤芯（图 5-89）。

图 5-89　空调滤芯的更换

汽车空调系统一定要保证定期检查、保养和清洗。清洗是保养空调的重要步骤，不仅能增强制冷效果，同时可保护管道，减少各器件的损耗。由于冷凝器处在车头最前面，脏堵情况比较严重，用水枪仅能冲去浮土，只有把冷凝器取下来，反向吹洗方能除净。而蒸发器的脏堵情况会相对轻些，但由于内循环时灰尘会与附着在蒸发器表面凝结出的水分混合而变成泥，既影响风量又影响换热效果。一般（原装）空调的蒸发器至少每三年要拆下彻底清洗一次。

第六章 Chapter 6

汽车车身的维护保养

第一节　汽车清洁与美容

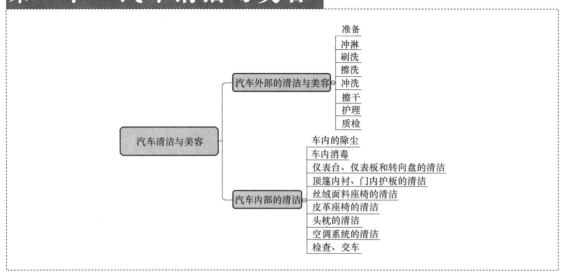

汽车外部的清洁与美容
- 准备
- 冲淋
- 刷洗
- 擦洗
- 冲洗
- 擦干
- 护理
- 质检

汽车清洁与美容

汽车内部的清洁
- 车内的除尘
- 车内消毒
- 仪表台、仪表板和转向盘的清洁
- 顶篷内衬、门内护板的清洁
- 丝绒面料座椅的清洁
- 皮革座椅的清洁
- 头枕的清洁
- 空调系统的清洁
- 检查、交车

一、汽车外部的清洁与美容

通常汽车外部的清洁与美容按准备、冲淋、刷洗、擦洗、冲洗、擦干、护理、质检八步进行。用到的主要设备与工具有高压清洗机（图6-1）、泡沫清洗机（图6-2）、空气压缩机（图6-3）、毛刷、大海绵、毛巾、麂皮（图6-4）、清洗剂（图6-5）等。

图 6-1　高压清洗机

图 6-2　泡沫清洗机

图 6-3　空气压缩机

图 6-4　擦车用麂皮

图 6-5　车用泡沫清洗剂

1. 准备

对高压清洗机进行调试，准备好常用洗车工具和洗车用品，人员按洗车要求着装。

1）如图 6-6 所示，清洗人员着洗车服装，穿防滑鞋，摘下手表和戒指，以防刮伤漆面。

2）调试高压清洗机，并准备好毛巾、刷子、麂皮等洗车工具和洗车用品。

3）操作者引导车主把待清洗的汽车开到洗车的停车位置并停放平稳，拉紧驻车制动，将发动机熄火，关好车窗和车门，车内不要留人。

2. 冲淋

汽车进入洗车场地后，用高压清洗机水枪冲洗车身污物。

1）用高压清洗机水枪冲洗车身污物，先从车顶开始，依次逐一向下冲洗。

2）对图 6-7～图 6-12 所示车身顶部、下部、底部、车门框下部、前后保险杠与车身相连接处等容易污垢较重部位，要重点冲洗。

图 6-6　洗车人员着装标准

图 6-7　冲洗车顶

图 6-8　冲洗发动机舱盖

图 6-9　冲洗保险杠

图 6-10　冲洗左侧车身

图 6-11　冲洗 C 柱的后风窗玻璃

图 6-12　冲洗行李箱盖

3. 刷洗

对污垢较重部位用毛刷刷洗。

1）准备好刷洗用的柔软毛刷或海绵、清水和清洗剂。

2）检查污垢是否充分湿透，然后用毛刷刷洗。

3）如有油脂等水不溶污垢可用毛刷蘸上清洗剂进行刷洗。

4）图 6-13、图 6-14 所示为对轮胎进行刷洗。

图 6-13　轮胎刷洗、擦洗

图 6-14　轮辋刷洗、擦洗

4. 擦洗

用泡沫清洗机对车身均匀喷洒清洗剂，然后用大海绵或毛巾擦洗车身。

1）准备好擦洗用的清洗剂和擦洗工具。

2）用泡沫清洗机装入清洗剂，对车身均匀喷洒清洗剂，泡沫的覆盖率为75%即可，然后用大海绵或毛巾呈"S"形按照从上向下的顺序擦洗车身。若无喷洒清洗剂的设备和工具时，也可用干毛巾蘸上清洗剂涂布于车身表面，还可用海绵蘸上清洗剂进行擦拭。打泡沫工序如图6-15~图6-17所示。擦洗工序如图6-18~图6-20所示。

图 6-15　车身打泡沫

图 6-16　车轮行走部位打泡沫

图 6-17　车尾打泡沫

图 6-18　车顶擦洗

图 6-19　风窗玻璃擦洗

图 6-20　车身尾部擦洗

5. 冲洗

如图 6-21~图 6-27 所示，从车顶部开始，逐一从上往下冲，一直冲洗到车底部。

1）冲洗时，先从车顶部开始，逐一从上往下冲，最后冲洗车底部。

2）检查擦洗时是否擦尽了污物、印迹，是否有遗漏。

3）对擦洗时残留的印迹、污物，再进行擦洗清除，以达到彻底清洗的目的。

图 6-21　冲洗前风窗玻璃

图 6-22　冲洗左前车轮和轮辋

图 6-23　冲洗左侧车裙

图 6-24　冲洗 A 柱和左前门缝

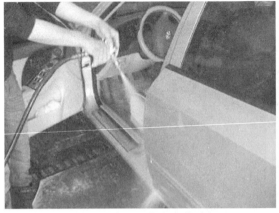

图 6-25　冲洗 B 柱和左前踏板

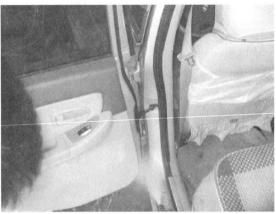

图 6-26　冲洗 B 柱和左后门缝

6. 擦干

先用半湿大毛巾擦拭一遍，再用麂皮擦拭两遍，直到车身无水痕，最后用压缩空气将车身进一步吹干。

1）如图 6-28 所示，冲洗后，用半湿大毛巾，将整车从上到下、从前到后擦拭一遍。

2）用麂皮仔细将车身再擦拭两遍。

图 6-27　冲洗 C 柱和左后踏板

图 6-28　过车

3）一般在擦拭完之后，虽然无水痕，但表面并不十分干燥。如图 6-29 所示，使用气枪，用干净的压缩空气将车身进一步吹干，以便进行打蜡护理。

7. 护理

车身擦干后，应根据客户要求对汽车进行护理作业。

8. 质检

先按验收标准自行检查一次，然后由车主、质检员和操作者代表三方对汽车清洗效果进行检查验收。

外部饰件应无尘土、无污垢、无水痕；玻璃应光亮如新，无划痕。

1）自检。在验收前，操作者应提前做好准备，按验收标准，自行检查验收一次。看是否还有遗漏清洗处，是否达到了标准要求。如发现存在问题，应及时补救处理，以便顺利通过验收。自检时，尤其要对发动机边沿及内侧、车门边沿及内侧、车门把手及内侧、油箱盖内侧、车身底部、轮胎及排气管等处重点进行检查。

2）共同检查。即由车主、质检员和操作者代表三方对汽车清洗效果进行检查验收。

二、汽车内部的清洁

1. 车内的除尘

1）取出车内的脚垫、地毯和各种杂物，依次规整地进行放置。

2）将车上的烟灰缸进行清理，高级车型烟灰缸的数量为 5 个，中控台 1 个，四个门上各 1 个。其他车型烟灰缸数量一般只有 1 个。将烟灰缸取出倒掉或者用吸尘器吸取。

3）用真空吸尘机自上而下吸去顶篷内衬、头枕、椅背、坐垫和地板的灰尘。

4）地板的吸尘工作要分两次操作：首先采用方接头将车内的沙粒吸走；然后更换带刷子的吸头，针对纤维纺织材料的内饰边刷边吸，主要吸掉灰尘。要特别注意地板拐角部位的尘垢，必要时应反复吸除直至干净。前部乘客区除尘吸尘如图 6-30 所示。后部乘客区除尘吸尘如图 6-31 所示。行李箱除尘吸尘如图 6-32 所示。

图 6-29　使用气枪　　　　　　　　　图 6-30　前部乘客区除尘吸尘

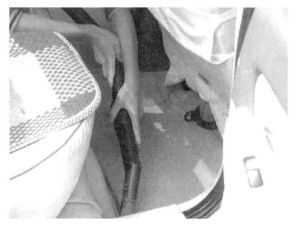 

图 6-31　后部乘客区除尘吸尘　　　　　图 6-32　行李箱除尘吸尘

　　5）使用静电吸尘刷或除尘手擦套对座椅、顶篷内衬、门内护板和仪表台进行擦拭。

　　6）用半干毛巾对车内座椅头枕、座椅、门内护板、仪表台、仪表板、变速杆、空调出风口等位置擦拭。

　　2. 车内消毒

　　（1）车内富氧杀菌　　车内空间是一个独立的封闭空间，空气流通性差，很多厌氧病菌容易滋生。将车载氧吧的外接电源插到点烟器进行外接，这样不妨碍进行其他操作。富氧杀菌时间一般为 15~20min。将太阳能汽车氧吧置于前风窗玻璃后仪表台上，即可以进行杀菌处理，如图 6-33 所示。

　　（2）桑拿机高温消毒　　车身内饰和地毯等纤维绒布织品容易积聚污垢，使细菌容易繁殖，使用高温蒸汽对座椅、座椅套进行高温杀毒。在进行汽车桑拿时，在桑拿蒸汽机内加入水、清洁剂、芳香剂后，接通电源加热至 130℃后，将喷出的高温蒸汽对汽车内的座椅、内饰进行消毒，可有效杀死藏在缝隙里的顽固细菌。桑拿机高温消毒如图 6-34 所示。

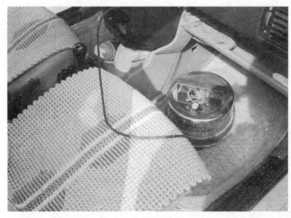

图 6-33　车内富氧杀菌

图 6-34　桑拿机高温消毒

（3）氧触媒消毒　在进行操作时，要求所有清洁工作必须全部结束。将光触媒剂充分摇匀，距离喷涂表面 30~40cm 处临空喷涂，切勿直接对准表面喷涂。然后在车内大面积喷涂一次，待干后再喷涂一次。单车使用量为 2~3 揿/m²（夏季），3~5 揿/m²（冬季）。将车内进行密封。车内封闭时间夏季为 20~45min，冬季为 40~60min。整个操作过程中必须在阳光下进行。氧触媒剂如图 6-35 所示。

3. 仪表台、仪表板和转向盘的清洁

（1）仪表台的清洁　首先用半干毛巾将仪表台擦拭一遍，检查是否有积垢过多的地方。在积垢过多或有油渍的部位如用毛巾无法清除时，可先喷洒万能泡沫清洗剂或仪表板清洁剂进行擦拭、软毛刷刷除，然后再喷洒皮革清洁剂，再用干净的干毛巾擦拭，最后用麂皮吸去其上的水分。仪表台上的电镀装饰件，用无纺巾蘸少许镀铬保护剂进行擦拭，擦至恢复光亮即可。仪表台的清洁如图 6-36 所示。

图 6-35　氧触媒剂

图 6-36　仪表台的清洁

（2）仪表板的清洁　在清洁仪表板时如用毛巾无法清除时，可先喷洒万能泡沫清洗剂或仪表板清洁剂进行擦拭、软毛刷刷除，然后再喷洒塑料保护剂，再用干净的干毛巾擦拭，最后用麂皮吸去其上的水分。

（3）转向盘的清洁　转向盘多为工程塑料制造，容易积聚各种污垢，用塑料清洁剂清洁。转向盘外套的材料多为橡胶、橡塑件或纺织纤维物，可以拆卸下来用橡胶或塑料清洗剂清洗，再用清水冲洗，最后喷涂橡胶保护剂和光亮剂。

4. 顶篷内衬、门内护板的清洁

（1）顶篷内衬的清洁　先用软布将绒毛上的尘土、污物揩干净，喷上多功能泡沫清洗剂或丝绒清洁剂，片刻之后，用一块洁净的纯棉布将污液吸出。再从污迹边缘向中心擦拭，污垢严重时可多次重复操作。污垢清除干净后，用另一块干净的棉布顺着车顶的绒毛方向抹平，使其恢复原样。顶篷内衬的清洁如图6-37、图6-38所示。

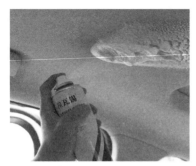

图6-37　喷涂清洗剂

图6-38　清洗剂的擦洗

（2）门内护板的清洁　内饰板为人造革或真皮制件时，在污渍较少的部位使用皮革清洗剂（图6-39）进行清洁。使用前先摇匀皮革清洗剂，距离10~20cm直接喷射于待清洁的物品表面，停留30~60s后，待污渍充分溶解之后，再用软布抹去。

对于内饰板为塑料制件时，使用万能泡沫清洁剂进行清洁，距离10~20cm直接喷射于待清洁的物品表面，停留30~60s在泡沫未干前用软布抹去；对于污渍严重的部位，喷上万能泡沫清洁剂后使用软刷在污渍上擦拭，再用软布抹去。必要时可以二次处理。

5. 丝绒面料座椅的清洁

将丝绒清洗剂喷到污物、油脂处，稍停数分钟，用纯棉质毛巾，用力压在脏污处，挤出溶有油污和污物的液体。用干布擦干净清洗部位。还可用小刷子配合清洗。丝绒清洗剂俗称多功能清洁柔顺剂，具有清洁、柔顺和着色三种功能，因此清洁护理可以一次完成。

6. 皮革座椅的清洁

如图6-40所示，将皮革表面用软布揩擦干净，除去其上的尘土、水汽，将清洗剂喷敷到皮革座椅表面，稍停1~2min，让清洗剂有效地润湿和分解硬结在皮革表面的油污，用干净毛巾或软布轻轻擦拭并擦干，直至污垢被全部清除，待皮革表面干燥后，将皮革保护剂均匀地喷敷在皮革表面，浸润1~2min并用干净毛巾反复擦拭，直至皮革光亮如新。若光亮度不够，可多遍喷敷擦拭。皮革上光后要进行必要的风干或烘干干燥处理。

图6-39　皮革清洗剂

7. 头枕的清洁

头枕清洁工作和座椅的清洁一样，在清洁时如若人头部油脂的分泌对头枕造成严重污染，应该使用高效丝绒或皮革清洗剂进行清洁。

8. 空调系统的清洁

如图 6-41 所示，用真空吸尘机对各进出风口吸尘，然后取下进气滤网，吹除灰尘，用毛刷清除出风栅栏的灰尘，用湿毛巾擦去进出风口的灰尘和污垢，对于个别沾有油污的部分，可喷涂塑料清洁剂后用毛巾或海绵擦拭。最后用特效空气清新剂喷涂滤网和空气道进行消毒。

图 6-40　座椅的清洁　　　　　　　　图 6-41　空调系统的清洁

完成对空调系统的清洁后，应起动发动机，开启空调系统，将控制开关置于内循环和最大出风量，在进出风口处喷洒空气消毒剂进行杀菌和除异味，最后再喷洒空气清新剂。

9. 检查、交车

车内清洁完成后，使用麂皮环视整车，检查全车。当保证车内无污渍、无遗漏，即可将车移至交车工位由服务接待向顾客交车。室内清洁完成效果如图 6-42 所示。

图 6-42　汽车驾驶舱内清洁效果

第二节 汽车车身的检查与维护

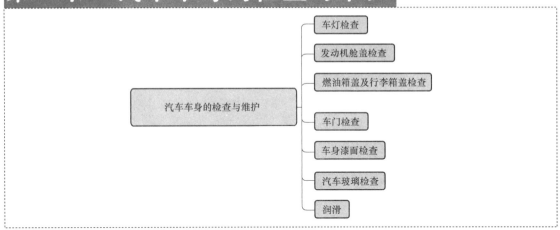

汽车在使用一定时间后需要对车身部件的安装状况和外观进行检查,以保证汽车的安全性和美观。熟悉车身的结构是做好汽车维护的前提。

1. 车灯检查

车灯外观主要检查前照灯总成（图 6-43）及尾灯总成（图 6-44）表面是否有污垢、划痕,安装状况是否良好。

图 6-43 前照灯总成

图 6-44 汽车尾灯的检查

2. 发动机舱盖检查

1）通过驾驶室发动机舱盖开启开关打开发动机舱盖（图 6-45）,在举高位置左右晃动,确认铰链完好（图 6-46）。

2）将舱盖轻轻放下,确认锁扣能正确扣合。

3）将舱盖锁好,再次打开,确认能正确锁紧和开启（图 6-47）。

发动机舱盖锁的调整以保证前盖周边间隙均匀为宜,间隙标准为（9±1）mm,上下高度也应均匀一致;发动机舱盖锁螺栓拧紧力矩为（14±2）N·m。

3. 燃油箱盖及行李箱盖检查

打开行李箱盖及燃油箱盖,开启开关如图 6-48 所示。检查燃油箱盖表面是否有损坏,用手轻轻晃动连接部位，确认安装牢固可靠，如图 6-49 所示。在行李箱开启的状态下用手晃动连接杆，确认连接螺栓无松动现象。检查部位如图 6-50 所示。

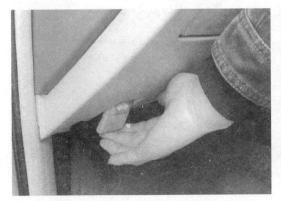

图 6-45　发动机舱盖开启开关检查

图 6-46　发动机舱盖铰链检查

首先在驾驶舱拉开驾驶舱锁，然后用手指向上按压发动机舱盖锁，发动机舱盖就被打开。

图 6-47　发动机舱盖的打开方法

图 6-48　行李箱盖及燃油箱盖开启开关

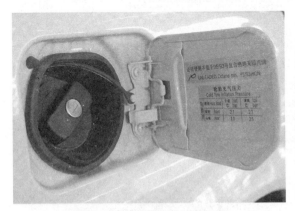

图 6-49　燃油箱盖的检查

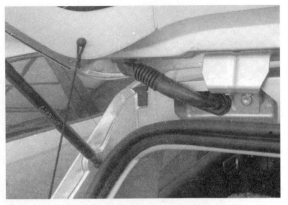

图 6-50　行李箱盖的检查

4. 车门检查

打开车门，上下晃动车门，检查所有车门安装状况是否良好，车门螺栓是否存在松动。

车门连接螺栓如图 6-51 所示。

儿童锁在车门的位置如图 6-52、图 6-53 所示。将儿童锁拨至锁止状态，关闭车门，在车内不能够将车门开启为正常。

5. 车身漆面检查

如图 6-54 所示，主要检查车身漆面有无损坏、划痕。

6. 汽车玻璃检查

主要检查外观有无开裂或破损（图 6-55）。

图 6-51　车门连接螺栓的检查

7. 润滑

1）依照行李箱锁→右前门锁铰链→右后门锁铰链→左后门锁铰链→左前门锁铰链→发动机舱盖挂钩顺序润滑或检查。

2）在润滑行李箱锁后关闭行李箱。

图 6-52　儿童锁位置

图 6-53　儿童锁开关在后侧车门上

图 6-54　汽车车身漆面检查

图 6-55　汽车玻璃的检查与修复

第三节　汽车刮水器的维护保养

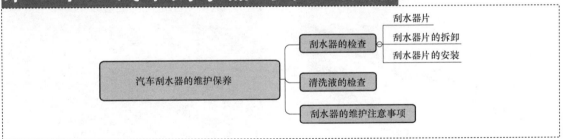

一、刮水器的检查

刮水器的组成如图 6-56 所示。

1. 刮水器片

1）经常检查刮水器片（图 6-57）的工作情况及磨损状态。

2）更换刮水器片时，压下并分离弹簧夹后拔出刮水器片即可。

3）拆卸刮水器臂（图 6-58）时，把刮水器片向外翻后提起刮水器盖，拧下螺母，左右转动刮水器臂并从操纵臂上拆下。按原来的角度安装新的刮水器臂。

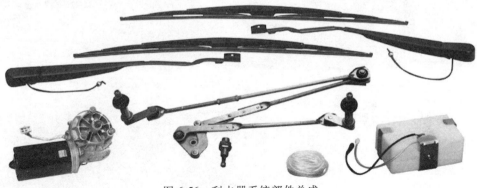

图 6-56　刮水器系统部件总成

2. 刮水器片的拆卸

1）竖起刮水器臂，为更换刮水器片做准备。

2）一只手抓刮水器片，另一只手按住刮水器片固定杆，从刮水器片固定装置上分离刮水器片。

3）向下移动刮水器片，即可拆卸刮水器片，如图 6-58 所示。

3. 刮水器片的安装

1）把新的刮水器片水平放置后将固定杆朝下，然后将刮水器片孔对准固定杆并向下插入，如图 6-59 所示。

注意：

① 刮水器片在分离状态时，注意避免刮水器臂碰到风窗玻璃，以免玻璃破损。

② 汽车型号不同，刮水器片的型号也不同，更换时请注意。

2）把刮水器片朝上推到最高位置，然后把固定杆安装到刮水器臂上，听到"咔嗒"声为止，这说明安装位置是正确的，如图 6-60 所示。

图 6-57　刮水器片

图 6-58　刮水器片的拆卸

为了防止损伤刮水器片，不要用汽油、燃油、氢氧化钠或其他清洗剂清洗风窗玻璃。

图 6-59　刮水器片的安装

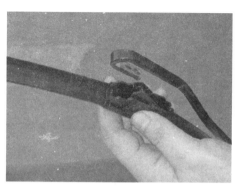

图 6-60　刮水器片的安装

二、清洗液的检查

清洗液的检查如图 6-61 所示，始终在清洗液罐中充满良好的清洗液并经常检查清洗液量。

1）切勿在没有清洗液的情况下操作喷水器装置，否则会损坏喷水电动机。

2）夏季可以使用自来水，但冬季应该用防冻清洗液来代替。

3）切勿使用发动机冷却液，因为如果发动机冷却液喷到车体上会破坏车体保护层。

注意：当清洗液不足时使用喷水器，可能会损坏喷水电动机。

警告：切勿把发动机冷却液放入清洗液罐中。这些液体喷到玻璃上会挡住视线，喷到车体上会破坏汽车的保护层。

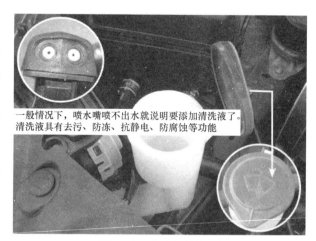

一般情况下，喷水嘴喷不出水就说明要添加清洗液了。清洗液具有去污、防冻、抗静电、防腐蚀等功能

图 6-61　清洗液的检查

三、刮水器的维护注意事项

电动刮水器的结构比较脆弱，在使用中稍有不当就很容易造成刮水器部件的损坏，因此，在使用刮水器时应注意以下几个方面：

1）定期检查刮水器片，当发现其严重磨损或有脏污时应更换或清洗，否则将降低刮水器的工作效能，影响驾驶人的视线。

清洗刮水器时，可用蘸有乙醇的棉丝沿刮水方向擦去刮水器片上的污物。不可用汽油清洗和浸泡，否则会引起变形，影响其工作效能。

2）在实验刮水器工作情况时，应该先用水润湿风窗玻璃，否则会刮伤玻璃，同时由于刮片摩擦阻力大，还有可能损伤刮水器片或烧坏电动机。还应注意电动机有无异常噪声，尤其应引起注意的是当刮水器电动机"嗡嗡"响而不转动时，说明刮水器机械传动部分有锈死或卡住的地方，这时应立即关闭刮水器开关，以防烧毁电动机。

3）刮水器电动机一般不要拆下，若因故障必须拆下时，要防止电动机跌落损坏，因为刮水器电动机大多使用永磁直流电动机（图6-62），其磁极多采用陶瓷材料。

4）刮水器电动机大多做成封闭式，不可随意拆卸。若必须拆卸，装配时要保持内部的清洁，不可将铁屑之类的污物落在其内，装配时还要注意向含油轴承的毛毡上加注少许机油，并更换或补充减速器内的润滑脂。

5）在冬季，当使用刮水器时，若发现刮水器片被冻结或被雪团卡住时，应立即关闭开关，清除冰块、雪团后方可继续使用，否则会因刮水器片阻力过大而烧坏刮水器电动机。

图6-62 刮水器电动机总成及结构

第四节 车身功能的检查与维护

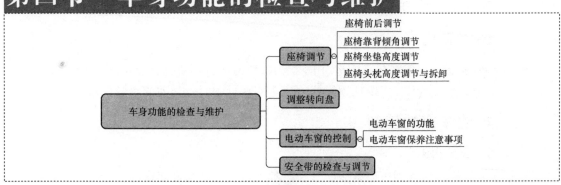

汽车维护中的车身功能检查主要包括座椅调节、调整方向盘、电动车窗控制和安全带的检查与调节等部分。

一、座椅调节

座椅具有支撑乘员身体和缓和路面冲击的作用，主要由头枕、靠背、腰部支撑、软垫组成。为了确保舒适和降低长时间驾驶带来的疲劳感，要求座椅可以调节，其可调节的部位如图 6-63 所示。对于电动座椅，如图 6-64 所示，一般可按动驾驶人座椅左侧的控制按钮，完成相应的控制功能。座椅的检查主要检查各调节装置是否正常，座椅螺栓螺母是否有松动。

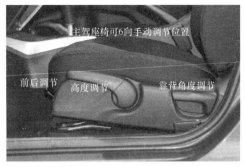

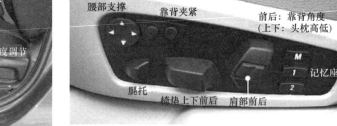

图 6-63　手动座椅的调节位置　　　　图 6-64　宝马电动座椅的可调节部位

1. 座椅前后调节

1）如图 6-63 所示，向上拉起坐垫前角下方的座椅滑动调整杆并握住。

2）滑动座椅到想要的位置。

3）松开调整杆，并确定座椅锁在适当位置。

2. 座椅靠背倾角调节

1）如图 6-63 所示，缓慢前倾并举高后座椅外缘的座椅靠背倾斜调整杆。

2）调整座椅靠背的位置。

3）释放调整杆并确定座椅靠背锁定在正确位置。

3. 座椅坐垫高度调节

如图 6-65 所示，前后转动前旋钮，可提高或降低坐垫前部，前后转动后旋钮，可提高或降低坐垫后部。

4. 座椅头枕高度调节与拆卸

如图 6-66 所示，单按下锁止按钮 1，可以调节头枕高度。同时按下 1，并使用适合的工具松开固定夹 2，可以拆下头枕。

二、调整转向盘

如图 6-67 所示，调整转向盘的拨杆位于转向盘的下方，松开拨杆后可以随意调整转向盘的位置，位置确定好了，将拨杆锁定好。当车辆在行驶时，切勿调整转向盘。

三、电动车窗的控制

1. 电动车窗的功能

电动车窗可以方便实现车窗玻璃的升降，是现代汽车提高舒适性的配备之一。电动车窗一般有手动功能和自动功能。手动功能是指轻轻上拨或下按开关，车窗升降，一旦松开开关后，车窗立即停止升降。自动功能是指用力上拨或下按开关到底，车窗将自动升降，完全打开或关闭。此外，有的车窗具有防夹功能，车窗在上升的过程中，遇到障碍会停下并小幅下降。

图 6-65　座椅坐垫高度的调节

图 6-66　座椅头枕高度调节与拆卸

在驾驶人侧有各车窗的控制按钮，在乘客侧有相应车门的车窗玻璃控制按钮，如图 6-68、图 6-69 所示。按动相应的按钮，可实现相应侧车窗玻璃的升降。电动车窗主要检查各控制键是否正常，车窗能否正常起降。

2. 电动车窗保养注意事项

1）电动车窗动作不顺畅的原因多为车门内部升降器（图 6-70）里的润滑脂耗尽，应取下内盖加注。

2）若是玻璃完全不能动作，则有可能是开关故障。如果是开关的故障，只能更换。

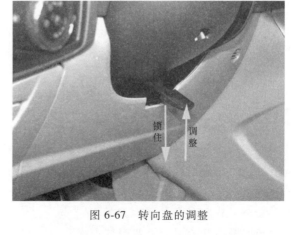

图 6-67　转向盘的调整

3）电子装置如果不动作，应检查熔丝。仔细检查哪一条熔丝是用于电动车窗的。

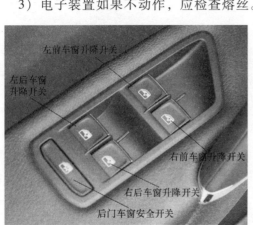

图 6-68　车窗控制总开关

图 6-69　右侧车门控制开关

4）开关的动作情况变差，车窗也不能顺利开启时，开关发生故障的可能性较高。

5）为内部机械装置加油之前，首先取下内盖，取下隐蔽螺钉，拆下快动开关即可。

6）取下内盖，剥开下面防水用的塑料纸，露出车窗的升降机开关。

7）在臂支点、齿轮的内部喷上机油。一边上下移动，一边喷涂就可以使很细小的部分也能涂上。

8）支撑玻璃两端的滑块部分也需要检查。玻璃与导轨的滑动状况变差时，可涂上增亮剂。

9）为使玻璃顺利滑动，应尽量减少阻力。玻璃的污损也会成为阻力，因此应经常保持车窗的洁净。

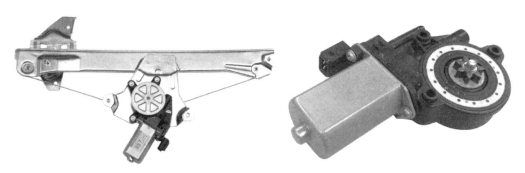

图 6-70　电动车窗玻璃升降器及电动机

四、安全带的检查与调节

安全带是汽车重要的被动安全装置之一，与安全气囊配合使用可以最大限度地降低对人员的伤害。当突然制动或发生碰撞时，由于具有很强的惯性力，乘员身体向前移动，此时安全带可以适当地把乘员固定在座椅上，避免乘员碰到前方的转向盘或风窗玻璃，甚至被抛出车外。

安全带分两点式（图 6-71）和三点式（图 6-72），两点式一般用于大型客车和轿车的后排中间座椅，其他位置一般用三点式。

图 6-71　客车上的两点式安全带

图 6-72　三点式安全带

图 6-73 所示为安全带高度调整装置，要提高安全带的高度，向上推即可，要降低安全带的高度，按下高度调整器按钮向下压调整器即可。释放按钮以锁定固定锚。

上下调节安全带高度适应不同身材乘客

图 6-73　安全带高度调整装置

参 考 文 献

［1］ 吉武俊，高云. 汽车维护与保养 ［M］. 北京：人民邮电出版社，2013.

［2］ 吉武俊，胡勇. 汽车维护与保养 ［M］. 北京：机械工业出版社，2011.

［3］ 谭本忠. 汽车维护与保养图解教程 ［M］. 北京：机械工业出版社，2017.

［4］ 姜龙青，罗新闻. 汽车维护与保养一体化教程 ［M］. 北京：机械工业出版社，2012.

［5］ 夏长明. 汽车维护 ［M］. 北京：机械工业出版社，2011.

［6］ 夏长明. 现代汽车维护与保养 ［M］. 北京：机械工业出版社，2011.

［7］ 王福忠. 汽车使用与维护 ［M］. 北京：人民交通出版社，2014.

［8］ 蔺宏良. 汽车维护技术 ［M］. 北京：人民交通出版社，2016.

［9］ 肖景远. 汽车维护 ［M］. 北京：北京理工大学出版社，2014.

［10］ 赵计平. 实施汽车维护作业 ［M］. 北京：机械工业出版社，2014.

［11］ 陆松波. 汽车定期维护 ［M］. 北京：人民交通出版社，2017.

［12］ 李春生. 汽车使用与维护 ［M］. 北京：人民交通出版社，2017.

［13］ 蒋浩丰. 汽车使用与维护 ［M］. 北京：国防工业出版社，2014.

［14］ 范爱民，张晓雷. 汽车维护与保养 ［M］. 2 版. 北京：清华大学出版社，2015.

［15］ 高洪一. 汽车保养 ［M］. 北京：科学出版社，2015.

［16］ 夏雪松. 汽车维护与保养入门 ［M］. 北京：化学工业出版社，2016.